GUIDES DU COLLECTIONNEUR

DICTIONNAIRE
DES
MARQUES ET MONOGRAMMES
DE
GRAVEURS

PAR

GEORGES DUPLESSIS

Conservateur
du Département des Estampes à la Bibliothèque nationale

ET

HENRI BOUCHOT

Archiviste, sous-bibliothécaire au même Département

PARIS

LIBRAIRIE DE L'ART

JULES ROUAM, ÉDITEUR

29, CITÉ D'ANTIN, 29

1886

Romain Rolland

GUIDES DU COLLECTIONNEUR

DICTIONNAIRE

DES

MARQUES ET MONOGRAMMES

DE

GRAVEURS

PARIS. — IMPRIMERIE DE L'ART
E. MÉNARD ET J. AUGRY, 41, RUE DE LA VICTOIRE

GUIDES DU COLLECTIONNEUR

DICTIONNAIRE

DES

MARQUES ET MONOGRAMMES

DE

GRAVEURS

PAR

GEORGES DUPLESSIS

Conservateur
du Département des Estampes à la Bibliothèque nationale

ET

HENRI BOUCHOT

Archiviste, sous-bibliothécaire au même Département

PARIS

LIBRAIRIE DE L'ART

JULES ROUAM, ÉDITEUR

29, CITÉ D'ANTIN, 29

1886

DICTIONNAIRE DES MONOGRAMMES

ET

MARQUES DES GRAVEURS

DEUXIÈME PARTIE

G

G **Jean-Baptiste Gautier**, graveur; travaillait à Paris de 1790 à 1810.

G **C. D. Gebauer**; travaillait dans la première moitié du XIXe siècle à Copenhague.

G **Hubert Goltzius**, né à Venloo en 1526, mort en 1583.

G **Jean Guignard**, graveur en bois; travaillait à Paris de 1760 à 1780.

G * * * **Charles-Godefroy Guttenberg**, né à Nuremberg en 1745, mort à Paris en 1792.

G **Gaspard Ruina**, graveur en bois italien de la seconde moitié du XVIe siècle.

GA. **Gustave ab Amling**, né à Nuremberg en 1651, mort à Munich en 1702.

G A: **Georges**, baron **d'Aretin**; travaillait à Munich à la fin du XVIIIe siècle.

Le **Maître à la Chausse-Trappe**, graveur anonyme flamand (?) du commencement du XVIe siècle.

Gabriel **Gabriel de Saint-Aubin**, peintre et graveur à l'eau-forte, né en 1724, mort en 1780.

Gaet. Test. **Cajetan Testelini**, graveur anglais; travaillait en Angleterre entre 1785 et 1800.

G·A·F **Gérard Audran**, né à Lyon en 1640, mort à Paris en 1703.

Gal. Nard. **Galioth Nardois**, graveur à l'eau-forte; travaillait en France vers le milieu du XVIIe siècle.

G. A. M. **Jacques-Antoine Mannini**, né à Bologne en 1646, mort dans la même ville en 1732.

GAM[T]F **Jean-Baptiste Mercati**, né à Borgo San Sepolcro; travaillait à Rome dans la première moitié du XVIIe siècle.

GA. P. F. **Gaetan Piccini**; travaillait en Italie au XVIIe siècle.

Gaspard Osello, surnommé *Patavinus* ou Gaspard *ab Avibus*, né à Padoue en 1530, mort après 1580.

Gaspard Osello. Voir l'article précédent.

G.Au. sc **Gérard Audran**, né à Lyon en 1640, mort à Paris en 1703.

GA Wgang **Georges-André Wolfgang**, graveur allemand, né à Chemnitz en 1631, mort en 1716.

G. A. W. sc. **Georges-André Wolfgang.** Voir l'article précédent.

G. B. **Gaspard Bouttats**, dessinateur et graveur à l'eau-forte, né à Anvers en 1625, mort en 1703.

G. B. **Gabriel Bodenehr**, né en 1664, en Allemagne.

G B **Gaspard Bouttats**, né à Anvers en 1625, mort en 1703.

GB **Frédéric-Guillaume Gubitz,** graveur en bois de Berlin, né vers 1786.

G. B. C. **Benedetto Castiglione,** né à Gênes en 1616, mort à Mantoue en 1670.

G. B. G. fe. **Godefroy-Bernard Goetz,** né à Kloster-Welchrod, en Moravie, en 1708, mort à Augsbourg vers 1780.

G. B. M. F. A. **Jean-Baptiste Mercati,** né à Borgo San Sepolcro; travaillait à Rome dans la première moitié du XVIIe siècle.

G. B. S. **Joseph Baron,** né à Giuliano, mort à Venise en 1730.

G. B. Z. **Jean-Baptiste Zani**; travaillait en Italie au milieu du XVIIe siècle.

G. C. **Jacques Courtois,** dit le Bourguignon, né à Saint-Hippolyte, en Franche-Comté, en 1621, mort jésuite à Rome en 1676.

GC **Georges Cruikshanck**; travailla en Angleterre pendant une grande partie du XIXe siècle.

G. Castellus. **Guillaume Chateau,** né à Orléans en 1633, mort à Paris en 1683.

G. C. B. **Georges-Conrad Bodenehr,** né à Augsbourg en 1673, mort en 1710.

GCE **Georges-Christophe Eimart,** né à Nuremberg en 1638, mort dans la même ville en 1705.

G C fecit **Joseph Canale,** né à Rome en 1725; travailla en Angleterre.

G. C. K. f. **G. C. Kraegen,** artiste allemand qui travaillait au commencement du XIXe siècle à Dessau.

G C K f **Georges-Christophe Kilian,** né à Augsbourg en 1709.

G. C. *Inv. et sculp.* **Jules Carpioni,** né à Venise en 1611, mort à Vérone en 1674.

G. Cortese **Jacques Courtois,** dit le Bourguignon, peintre et graveur à l'eau-forte, né à Saint-Hippolyte, en Franche-Comté, en 1621, mort à Rome en 1676.

GD **Georges de Dillis,** né à Giebing, en Bavière, en 1760.

GD **Gustave Doré,** dessinateur et graveur à l'eau-forte, né à Strasbourg en 1832, mort en 1883.

G. D **Gaspard Dughet,** dit **le Guaspre,** né à Rome en 1617, mort dans la même ville en 1675.

G de G sc. **Guillaume de Gheyn,** né à Anvers en 1610.

G de L **Gérard de Lairesse,** né à Liège en 1640, mort à Amsterdam en 1711.

G de S **Gabriel de Saint-Aubin,** peintre et graveur à l'eau-forte, né à Paris en 1724, mort en 1780.

G D H S **Georges-Daniel Heumann,** né à Nuremberg en 1691, mort en 1759.

G. D. I. **Gérard de Jode,** né à Anvers en 1521, mort dans la même ville en 1591.

G. D L. Q. **Guillaume de la Quewellerie;** travaillait en France à la fin du XVIIe siècle, orfèvre plutôt que graveur.

G. D. N. **Georges-David Nessenthaler,** né à Augsbourg en 1695.

G. du M **G. Du Mortier,** graveur de Douai au XVIIe siècle, qui a signé ainsi à Rome un portrait de l'ambassadeur A. E. marquis de Wnth (*sic*).

G Ed **Gérard Édelinck,** graveur au burin, né à Anvers en 1649, mort à Paris en 1707.

G Ed. Sc. **Gérard Édelinck.** Voir l'article précédent.

Georges Hofnagel, peintre et graveur, né à Anvers en 1545, mort à Vienne en 1600.

G E Sc. **Gabriel Ehinger,** né à Augsbourg en 1652, mort en 1736.

G F **Gaspard Dughet,** dit **le Guaspre,** né à Rome en 1617, mort en 1675.

GF **Georges Fennitzer,** graveur en manière noire, qui travaillait à Nuremberg dans la seconde moitié du XVIIe siècle.

G f. **Salomon Gessner,** né à Zurich en 1734, mort dans la même ville en 1788.

G. F. fect **Guillaume Faithorne,** graveur au burin anglais, né en 1620, mort en 1691.

G F G **Jean-François Grimaldi,** né à Bologne en 1606, mort à Rome en 1680.

G. F Greut. **Jean-Frédéric Greuter,** graveur au burin, né vers 1600, mort vers 1660.

G. F. Gr. inc. **Jean-Frédéric Greuter.** Voir l'article précédent.

GFMF **Jean-François Muccio**; travaillait à Bologne au milieu du XVIIe siècle, entre 1640 et 1660.

G. F. S. **Georges-Frédéric Schmidt,** né à Berlin en 1712, mort dans la même ville en 1775.

Jean-Frédéric Greuter, né à Rome vers 1600, mort vers 1660.

Giovanni Guerra, né à Modène en 1534, mort en 1612.

Gérard, graveur sur bois français; gravait d'après Traviès et Daumier en 1839.

G G F **Gabriel Giolito,** de Ferrare, éditeur et graveur sur bois; travaillait de 1542 à 1567.

G. G. F. **Chrétien-Gottlieb Geyser,** né à Gœrlitz en 1752, mort en 1803; travailla une grande partie de son existence à Leipzig.

G G F f. **Jacques Gallinari**; travailla à Bologne et à Padoue dans la seconde moitié du XVIIe siècle.

Wenceslas Jamitzer, né à Vienne en 1508, mort à Nuremberg en 1585.

Henri Godigen; vivait à la fin du XVIe siècle à Dresde.

Henri Guttenberg, né près de Nuremberg en 1749, mort dans la même ville en 1816; mais travailla à Paris pendant la plus grande partie de son existence.

Guillaume Hondius, né à La Haye en 1601.

Gérard Hardorff, né près de Hambourg en 1769.

G. H. **Gilles Hendriks**, éditeur flamand qui donna une édition de l'*Iconographie* d'Antoine Van Dyck en 1759.

GH F. **Gabriel Huquier**, né à Orléans en 1695, mort à Paris en 1792.

HGF **Henri Goltzius**, né à Mühlbrecht, mort à Harlem en 1617.

Jean-Henri Glaser; vivait en Suisse dans la première moitié du XVIIe siècle.

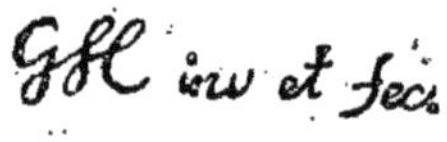

GH inv et fec.

Gérard Hardorff, né près de Hambourg en 1769.

Henri, comte **de Goudt**, né à Utrecht en 1585, mort dans la même ville en 1630.

Georges-Léopold Hertel, graveur au burin; travaillait à Augsbourg dans la deuxième moitié du XVIIIe siècle.

Jean-Christophe Stimmer, dessinateur et graveur sur bois du XVIe siècle; travaillait en 1586.

G H sc.

Jacques Granthomme, né à Heidelberg vers 1560; travailla en France et en Allemagne vers la fin du XVIe siècle.

Guillaume de Gheyn, né à Anvers en 1610.

Hyacinthe Gimignani, né à Pistoia en 1611, mort en 1681.

Jean Gole, né à Amsterdam en 1660, mort dans la même ville en 1737. Graveur en manière noire.

Jacques Guckeisen, graveur de Cologne; travaillait entre 1578 et 1603.

Jean Salomon, dit **Gallus**, graveur en camaïeu français; travaillait entre 1550 et 1590.

GIC *sc.*

Georges-Joseph Coentgen, né à Mayence; fonda, à Francfort-sur-le-Mein, une école de dessin au XVIIIe siècle.

Gier Ol

Girolamo Olgiato, graveur italien; travaillait de 1561 à 1575.

GF

Jean Gole, né à Amsterdam en 1660, mort en 1737. Graveur en manière noire.

Gio. Or.

Jean Orlandi, graveur-éditeur à Rome entre 1602 et 1637.

Gio. Penna.

Jean Pesne, graveur, né à Rouen en 1623, mort à Paris en 1700.

gioua. la.

Jean Lanfranc, peintre-graveur (Giovanni Lanfranchi); travaillait en Italie en 1638.

GJ.

Jean Gole, graveur d'Amsterdam, né en 1660, mort en 1737.

GJ.

Jean de Gourmont, graveur et éditeur français du milieu du XVIe siècle; a gravé de cette marque des portraits au burin.

Jacques Granthomme, né à Heidelberg en 1560; travailla en France et en Allemagne vers la fin du XVIe siècle.

Ferdinand Gregori, graveur en taille-douce, né à Florence en 1743, mort en 1804.

Ignace Günther, né à Kellheim; travaillait à Munich en 1770.

Jean-Georges Bergmüller, né à Turckheim en 1688, mort à Augsbourg en 1762.

Jean de Groot; travaillait à Vlissingen au commencement du XVIIIe siècle, grava quelques fac-similés de dessins d'après Rembrandt.

Georges Knapton, né en Angleterre en 1698, mort à Kensington en 1788.

Joseph-Georges Mansfeld, né à Vienne; travaillait en 1800.

Jean-Georges van Vliet, élève de Rembrandt; gravait vers 1630.

Georges Keller, né à Francfort-sur-le-Mein en 1576, mort à Nuremberg en 1640.

Gilles Kilian Proger; travaillait entre 1510 et 1540 en Allemagne.

Léon Gaucherel, graveur à l'eau-forte, né à Paris en 1816; directeur de la partie artistique au journal *l'Art*, mort en 1886.

Léonard Gaultier, né à Mayence en 1552; vécut à Paris pendant la plus grande partie de son existence, et grava surtout au commencement du XVII° siècle.

Louis Gruner, né à Dresde le 24 février 1801, mort en 1883.

Gabriel Ladame, graveur français du XVII° siècle.

Gérard de Lairesse, né à Liège en 1640, mort à Amsterdam en 1711.

Gérard de Lairesse. Voir l'article précédent.

Georges Lallemand, né à Osnabruck en 1641, selon les uns; en 1660, à Nancy, selon les autres.

Gottfried Liegel, graveur en bois, qui travaillait entre 1523 et 1540, et vivait encore en 1545.

GL^S **Georges Lang**, graveur en bois à Nuremberg dans la deuxième moitié du XVIe siècle.

G. L. **Gabriel van der Leeuw**, né à Dordrecht en 1643, mort dans la même ville en 1688.

G Y L **Godefroy Leigel**, graveur en bois, qui travailla pour une Bible en allemand publiée à Wittemberg en 1561.

G. L. **Georges Lewis**; travaillait à Londres dans la première moitié du XIXe siècle.

G. L. **Georges Lichtensteger**, né à Nuremberg en 1700, mort vers 1780

G. Laire. **Gérard de Lairesse**, peintre-graveur, né à Liège en 1640, mort à Amsterdam en 1711.

G. L. Cr. **Gottlieb Leprecht Cruseus**, né près de Zwickau en 1730.

G L fec et exc. **Gérard de Lairesse**, né à Liège en 1640, mort à Amsterdam en 1711.

G. L. N. **Guillaume de La Noue**, éditeur; faisait le commerce à Paris à la fin du XVIe siècle.

Mathias Géron de Lauingen; travaillait en Bavière vers le milieu du XVIe siècle.

Mathieu Greuter, né à Strasbourg en 1584, mort à Rome en 1638.

G. M. **Jean-Baptiste Mercati,** né à Borgo San Sepolcro; travaillait à Rome dans la première moitié du XVIIe siècle.

GMA MTI F **Joseph-Maria Mitelli,** né à Bologne en 1634, mort dans la même ville en 1718.

A V
1617

Macrus Grundler; travaillait à Augsbourg en 1617.

GM **George Ghisi,** dit le Mantouan, graveur italien du XVIe siècle.

MGf **Mathias Greischer,** né à Francfort en 1612.

G. M. R. **Joseph-Marie Roli,** né à Bologne en 1654, mort dans la même ville en 1727.

M. Geilenkirchen; travaillait dans les Pays-Bas au commencement du XVIIe siècle.

Noël Garnier, graveur au burin; travaillait en France au commencement du XVIe siècle.

G·N **Gilles Neyts**; travaillait en Hollande à la fin du XVIIe siècle.

Philippe Galle, né à Harlem en 1557, mort à Anvers en 1612.

Pierre Gottland, peintre-graveur de l'école de Cranach; travaillait à Weimar entre 1548 et 1572.

Pierre Gourdelle, graveur français de la fin du XVIe siècle et du commencement du XVIIe.

Gaspard Patavinus, dit **Gaspard Osello**, ou *ab Avibus*, né à Padoue en 1530, mort après 1580.

George Pencz, de Nuremberg, peintre et graveur, né à Nuremberg vers le commencement du XVIe siècle, mort à Breslau en 1550. L'un des *Petits maîtres*.

Guillaume Perrier, graveur à l'eau-forte, né à Mâcon au commencement du XVIIe siècle, mort à Lyon en 1655.

G P **Jacques Palma**, le Jeune, né à Venise en 1544, mort dans la même ville en 1628.

G. P. **Julien Periccivoli,** né à Sienne vers 1600.

15 G P 93. **Georges Pecham**; travaillait à Munich et mourut en 1604.

PGA. Fe. **Philippe Galle,** graveur, né à Harlem en 1557, mort à Anvers en 1612.

G P del et fecit **Georges Primavesi**, né à Heidelberg en 1776; travaillait dans la première moitié du XIXe siècle.

PGF. **Philippe Galle,** né à Harlem en 1557, mort à Anvers en 1612.

G.P.F. **Gaspard Osello,** surnommé *Patavinus* ou **Gaspard** *ab Avibus,* né à Padoue en 1530, mort après 1580.

G. P. inc. **Joseph Perini,** né à Rome en 1748; travaillait entre 1771 et 1785.

G P invenit et fecit. **Guillaume Paneels,** né à Anvers vers 1600; travaillait en 1630.

G P R 1703. **Georges-Philippe Rugendas,** né à Augsbourg en 1666, mort dans la même ville en 1742.

G P T fec. **Gustave-Philippe Trautner**; travaillait à Nuremberg à la fin du XVIIIe siècle.

G. V. O. f. **Pierre-Gérard van Os,** né à La Haye en 1776.

G. P. Z. **Jean-Pierre Zanotti,** né à Paris en 1674, mort à Bologne en 1765.

G. P. Z. **Gustave-Philippe Zwinger,** né à Nuremberg, mort dans la même ville en 1809.

GR **Guido Reni,** peintre-graveur, né à Bologne en 1575, mort dans la même ville en 1642.

Я D **Joseph Ribera,** dit **l'Espagnolet,** peintre-graveur, né à Jativa, près de Valence, en 1588, mort en 1656.

G R. **Gertrude Rogman,** graveur hollandaise; grava à l'eau-forte d'après son père Roland Rogman, dans le XVIIe siècle.

G R **Jérôme Rossi,** le Vieux, né à Rome; travaillait dans la seconde moitié du XVIIe siècle.

G, R. F. **Guido Ruggieri,** graveur bolonais; travaillait à Fontainebleau au milieu du XVIe siècle.

Simon Gassner, peintre-graveur, né à Steinberg en Tyrol, en 1755; travaillait à Munich en 1790.

G **Simon Grimm;** travaillait à Augsbourg vers 1710.

GS **George Scharffenbergk de Görlitz,** graveur sur bois de Francfort-sur-l'Oder entre 1569 et 1576. École de Cranach. Il a gravé plusieurs planches pour la *Notitia... ultra Arcadii Honoriique Cæsarum tempora.* Bâle, Froben, 1552, in-folio.

GS **Guillaume Swanenburg,** né à Leyde en 1581, élève de Jean Saenredam, mort à Delft en 1612.

GS **Guillaume Swanenburg.** Voir l'article précédent.

GS **Georges van Sichem,** graveur en bois, de Bâle, à la fin du XVIe siècle.

G Sc **Chrétien Gottlieb Geyser,** né à Görlitz; travailla une grande partie de son existence à Leipzig.

G T **Auguste-Gabriel Toudouze,** architecte et graveur à l'eau-forte, né à Paris en 1811.

Guid. **Guido Reni,** peintre-graveur, né à Bologne en 1575, mort en 1642.

Guilmo Cortese **Guillaume Courtois,** dit **le Bourguignon,** frère de Jacques, né à Saint-Hippolyte en 1628, mort à Rome en 1679.

Gustaf. **Gustave III,** roi de Suède, a gravé des planches sous ce nom.

VG **Jean van Goyen,** peintre-graveur; a gravé, en 1650, une eau-forte.

Urse Graf, graveur en bois et orfèvre; travaillait à Bâle vers 1520.

Urse Graf. Voir l'article précédent.

G. V. **Jean-Baptiste Vanni,** né à Pise en 1599, mort à Florence en 1660.

G: V. **Joseph Vasi;** travaillait à Rome dans la seconde moitié du XVIIIe siècle.

G. V. **Georges Vertue,** graveur, né à Londres en 1684, mort en 1752.

G. V. D. *sc.* **Guillaume van Delft,** né à Delft en 1580, mort en 1638.

G. V. E. **Gisbert van Veen,** né à Leyde en 1558, mort à Anvers en 1628.

G V inc. **Gaetan Vascellini,** né à Castello San Giovanni, près de Bologne, en 1740.

GVN

Gerard van Nymegen, peintre et graveur à l'eau-forte, né à Rotterdam en 1735, mort en 1808.

G. V. sc.

Gisbert van Veen, né à Leyde en 1558, mort à Anvers en 1628.

G V S fe.

Georges van Scheindel; travaillait en Hollande, sa patrie, au milieu du XVIIe siècle.

G W.

Georges Wechter; travaillait à Nuremberg dans la seconde moitié du XVIe siècle.

G V

Gomar Wouters, graveur à l'eau-forte, qui travaillait à Rome vers la fin du XVIIe siècle.

WG.K

Wolfang Kilian, né à Augsbourg en 1581, mort dans la même ville en 1662.

GZ

Jean-Philippe Ganz; travaillait à Hanovre dans la seconde moitié du XVIIIe siècle.

H

H **Guillaume** ou **William Harvey,** graveur en bois, né à Newcastle en 1796; travaillait au milieu du XIXe siècle.

Henri Hondius, le Vieux, graveur flamand, né à Duffel en 1573, mort à La Haye en 1610.

HA. **Hans Adam,** né à Nuremberg, mort dans cette ville en 1567.

HAF **Augustin Hirschvogel,** peintre-graveur, né à Nuremberg en 1506 et mort en 1560.

Harman. Mul. **Hermann Müller,** graveur au burin hollandais du XVIe siècle, élève de Cock.

HB. **Henri Bary,** né à Anvers vers 1625, graveur de portraits.

HB. **Hans Burgmair,** peintre-graveur, né à Augsbourg en 1473, mort avant 1531. Et aussi Hans Burgmair le Jeune, son fils, mort après 1559.

•H ✠ B• Graveur anonyme de l'école de Schongauer, du xve siècle.

H C. **Jean Collaert,** né à Anvers en 1545, mort après 1622.

h c **Hardouin Coussin,** graveur à l'eau-forte et en manière noire, amateur, né à Aix, en Provence, en 1709; travaillait à Lyon et à Marseille.

H. D. F. **Jérôme David,** graveur français; travaillait vers le milieu du xviie siècle.

Heinrich VI **Henri Ulrich,** graveur de Nuremberg, au xviie siècle (*Heinrich VL* [?]).

Hen. Gol. **Henri Goltzius,** peintre-graveur au burin, né en 1558, mort en 1617; travaillait à Harlem.

henri le R. **Henri Leroy,** graveur français, né en 1579, travaillait encore en 1650.

H fecit. **Henri Hondius,** le Vieux, né à Duffel en Brabant, en 1573, mort à La Haye en 1610.

HG **Hans Guldenmund,** graveur sur bois et imprimeur; travaillait à Nuremberg dans la première moitié du xvie siècle de 1518 à 1545.

H. Göd. **Henri Goedingen,** graveur; travaillait en Saxe vers l'extrême fin du xvie siècle.

HG. sc **Henri Guttenberg,** né près de Nuremberg en 1749, mort à Nuremberg en 1816.

Henri Harpignies, peintre de paysage, de Valenciennes; grava des eaux-fortes vers 1850.

HH **H. Hughes,** graveur en bois, né en 1796; travaillait en Angleterre au commencement de ce siècle.

H H **Hans Holbein,** le Jeune, peintre et graveur sur bois (?) originaire d'Augsbourg, né vers 1497, mort à Londres en 1543.

Henri Hondius, le Vieux, né à Duffel en 1573, mort à La Haye en 1610.

Henri Hondius, le Jeune, né à Londres en 1580, mort vers 1648.

Hon **Henri Hondius,** le Vieux. Voir l'article précédent.

Josse Hondius, né à Gand vers 1563, mort à La Haye en 1611.

James Hazard (le chevalier), graveur amateur, né en 1748, mort d'une chute de cheval en 1787.

HIE. CV. **Jérôme Corradini** ou **Curradini,** dessinateur et graveur de Modène, né vers 1580.

Jérôme Wierix, graveur, né à Amsterdam en 1551.

H. J. Raidel, peintre-graveur; travaillait à Augsbourg au milieu du XVIIe siècle.

Jean-Henri Rode, né à Berlin en 1727, mort en 1759.

Jean van Halbeck, graveur de Copenhague; travaillait à Paris vers 1620.

Jérôme Wierix, né à Amsterdam en 1551.

HI. W. F. **Jérôme Wierix.** Voir l'article précédent.

Jérôme Wierix. Voir l'article précédent.

Jean Hauer, graveur au burin, né à Altenbourg en 1586, mort avant 1660.

Jean Hartman, graveur à l'eau-forte, né à Manheim en 1753, élève de Ferdinand Kobell.

H fecit **Jean Holzer**, né à Burgeis, en Tyrol, vers 1709, mort à Klemenswerth en 1740.

HGJ.f. **Jean-Georges Hertel**; travaillait à Augsbourg à la fin du XVIIIe siècle.

JC fec **Jean Oswald Harms**, peintre-graveur, né en 1642, mort à Hambourg en 1708.

JHM **Jean Hamilton Mortimer**, graveur à l'eau-forte, né à Londres en 1743, mort dans la même ville en 1779.

JHR **Jean-Henri Roos**, né à Otterdorf en 1631, mort à Francfort en 1685.

JvH **Jacques van der Heyden**, graveur né à Strasbourg en 1570; travaillait à Francfort en 1640.

H·I·K **Jean Kellerdaller**, l'Ancien; travaillait à Dresde vers 1558.

HK **Jean Klein**, graveur de l'école de Nuremberg, mort en 1550.

HSK **Jean Springinklee**, peintre-graveur sur bois (?), élève d'Albert Dürer, mort en 1540 à Nuremberg.

Lambert Hopfer; travaillait en Allemagne au commencement du XVIe siècle.

Jérôme Lederer, né à Nuremberg, mort à Gênes en 1615.

Jean Lenker; travaillait à Nuremberg dans la seconde moitié du XVIe siècle.

Jean Liefrinck, graveur en bois, né à Leyde; travaillait à Anvers de 1540 à 1580.

Henri Lödel, graveur en bois et en cuivre, allemand, né en 1799, mort en 1861.

Jean Lützelburger, graveur sur bois; travaillait à Bâle dans la première moitié du XVIe siècle et exécuta d'après Holbein ses meilleurs ouvrages.

HL 1558

Hans-Sebald Lautensack, peintre et graveur au burin et sur bois, né à Bamberg vers 1508, mort en 1560. Travailla à Vienne et à Nuremberg.

Graveur anonyme d'Allemagne du commencement du XVIe siècle.

HL Graveur sur bois allemand; travaillait à Cologne durant la deuxième moitié du XVIe siècle.

HL **Hans-Sebald Lautensack,** peintre-graveur, né vers 1508, mort en 1560.

HL. Fec **Herman Muller,** graveur hollandais du XVIe siècle, élève de Cock.

HL.N. **Jean Lenker,** de Nuremberg, orfèvre et graveur du XVIIe siècle.

HL 1649 **Jean-Philippe Lembke,** né à Nuremberg en 1631, mort à Stockholm en 1713.

HP **H. C. Padtbrugge,** né à Stockholm; travaillait dans cette ville à la fin du XVIIIe siècle.

HSL **Hans-Sebald Lautensack,** peintre-graveur, né vers 1508, mort en 1560.

HSL **H. L. Schaerer,** né dans les Pays-Bas; travaillait dans la première moitié du XVIIe siècle.

HM **Jean Muelich,** graveur en bois, né à Munich en 1515, mort dans la même ville en 1572.

Graveur allemand anonyme qui travaillait entre 1543 et 1550. École de Lucas Cranach.

Henri Mauperché, peintre-graveur à l'eau-forte, né à Paris en 1623, mort dans la même ville en 1686.

Herman Muller, graveur au burin, né à Amsterdam au milieu du XVIe siècle, élève de Cock.

Jérôme Mantelli, graveur de Milan; travaillait à la fin du XVIIIe siècle.

Jérôme Nuetzel, graveur au burin allemand; travaillait vers 1590.

Nathaniel Hone; travaillait à Londres au milieu du XVIIIe siècle.

Nicolas Haublein; travaillait en Allemagne dans la seconde moitié du XVIIe siècle.

Thomas Neuer, né à Munich en 1808, graveur en bois.

Nicolas van Haeften ; travailla à Gorcum, en Hollande, à la fin du XVIIe siècle.

Nicolas van Haeften. Voir l'article précédent.

Hond. **Henri Hondius,** le Vieux, graveur, né à Duffel en 1573, mort à La Haye en 1610.

Horat Aquilanus **Horace de Santis,** graveur; travailla surtout d'après Pompeio Aquilano. Il était d'Aquila dans les Abruzzes et travaillait en 1572.

Houbr **Jacques Houbraken,** dessinateur et graveur de Dordrecht, né en 1698, mort en 1780.

PH **Pierre Feddes,** nommé **Pierre van Harlingen,** graveur hollandais; travaillait vers 1620.

HP **Hilaire Pader,** peintre-graveur, né à Toulouse au commencement du XVIIe siècle; il travaillait dans cette ville en 1653.

HP **Henri-Louis Petersen,** graveur, né à Altona en 1806.

*PHar^s^* **Pierre Feddes,** nommé **van Harlingen,** peintre-graveur hollandais; travaillait vers 1620.

Henri Potthoven, né en 1725; travailla en Hollande pendant toute son existence.

H Pf. fecit **Henri Pfenninger,** né à Zurich en 1749; a gravé pour Lavater.

Hans-Sebald Beham, né à Nuremberg en 1500, mort à Francfort vers 1550.

Hubert Quellinus, né à Anvers au commencement du xviie siècle.

Henri Raab; travaillait à Nuremberg au milieu du xviie siècle.

Jean-Henri Ramberg, né à Hanovre en 1763; travailla longtemps en Angleterre.

Jérôme Resch, graveur en bois du xvie siècle en Allemagne.

Jean Rogel, graveur en bois d'Augsbourg, né en 1532, mort en 1592.

Henri Rogman, graveur à Amsterdam; travaillait dans la première moitié du xviie siècle.

Henri Raab; travaillait à Nuremberg au milieu du xviie siècle.

Horace de Santis, graveur italien, né à Aquila; travaillait à la fin du xvie siècle.

Étienne Hermann, orfèvre et graveur au burin; travaillait à Culmbach vers 1582.

Herman Saftleven, né à Amsterdam en 1609, mort vers 1685.

Jean-Léonard Schaeuffelein, graveur au burin de l'école d'Albert Dürer, né vers 1490, mort au milieu du XVIe siècle.

Henri Schmidt; travaillait à Paris à la fin du XVIIIe siècle.

Jean-Henri Schœnfeld, né à Biberach en Souabe, mort à Augsbourg en 1675.

Jean-Frédéric Schorer; travaillait à Nuremberg au commencement du XVIIe siècle.

Hercule Setti, né à Modène; travaillait au milieu du XVIe siècle.

Jean Sibmacher, né à Nuremberg où il mourut en 1611; grava un ouvrage de blason.

Graveur anonyme de l'école de Nuremberg, travaillant dans la première moitié du XVIe siècle.

H S ir

Hermann Saftleven, né à Amsterdam en 1609, mort vers 1685.

Jean-Henri Schœnfeld, né à Biberach, en Souabe, mort à Augsbourg en 1675.

Hans Severin, graveur en bois; travaillait en Bohême à la fin du XVIe siècle.

Jean Sibmacher, né à Nuremberg, où il mourut en 1611. Grava un ouvrage de blason.

Henri Spilman, né à Amsterdam en 1720; travaillait encore en 1775.

Graveur flamand anonyme de la fin du XVe siècle.

H. Schoute; travaillait à Amsterdam au XVIIe siècle.

Jérôme Sperling, graveur d'Augsbourg; travaillait en 1766.

Henri Spilman, né à Amsterdam en 1720; travaillait encore en 1775.

Henri Steiner, imprimeur d'Augsbourg (?) et graveur sur bois; travaillait de 1527 à 1545.

H. van Schuppen; grava quelques paysages d'après Jean Maggi; travaillait à Rome entre 1595 et 1625.

Herman Swanevelt, né à Voerden en 1620, mort à Rome en 1690; fut élève de Gérard Dow et de Claude le Lorrain.

Jean-Frédéric-Alexandre Thiele, né à Dresde en 1747, mort dans la même ville en 1803.

Jean Troschel, né à Nuremberg vers 1592, mort à Rome en 1633.

Jean-Henri Tischbein, né en 1742, mort inspecteur de la galerie de Hesse-Cassel en 1808.

Jean-Jacques Thourneyssen, né à Bâle en 1636, mort dans la même ville en 1718.

Henri Ulrich, né à Nuremberg; travaillait au commencement du XVIIe siècle.

Henri Vogtherr, le Vieux et le Jeune, qui ont eu tous deux cette marque en 1537. Graveurs sur bois.

Henri Ulrich; travaillait à Nuremberg au commencement du XVIIe siècle.

H. V. D. B. **Henri van der Borcht,** le fils, né à Frankenthal vers 1610, mort à Anvers.

HVF **Jean-Ulric Franck,** né à Kaufbeuren en 1603, mort à Augsbourg en 1680.

HVGO **Hugo da Carpi,** graveur en bois et clair-obscur, du commencement du XVIe siècle, en Italie.

HS **Henri Verschuring,** né à Gorcum en 1627, mort dans la même ville en 1690.

HW **W. Harmes,** graveur du commencement du XIXe siècle.

WH **William Haussoullier,** graveur au burin et à l'eau-forte, né à Paris. Contemporain.

HW **William Haussoullier.** Voir l'article précédent.

1822 WH **Guillaume Hensel,** peintre-graveur à l'eau-forte et au burin, né à Trebbin en 1794.

WH **Wenceslas Hollar,** peintre-graveur à l'eau-forte et au burin, né à Prague en 1607, mort à Londres en 1677.

WH **Guillaume** ou **William Howitt,** graveur anglais du XIXe siècle; travaillait aux Indes.

HW. **Hans Weiner,** né à Weilheim, en Bavière; travaillait au commencement du XVIIe siècle.

Jean Wandereisen (?), graveur en bois à Nuremberg, du milieu du XVIe siècle.

HW **Jean Weigel,** graveur en bois, mort à Nuremberg vers 1590.

WH **Guillaume Howard,** né en Angleterre et élève de W. Hollar; travaillait dans la seconde moitié du XVIIe siècle.

H. W. **Jérome Wierix,** graveur, né à Amsterdam en 1551.

2h W2 1482 **Jean de Windsheim,** graveur allemand; travaillait en 1481 et 1482.

H. W. G. Graveur allemand du XVIe siècle; gravait sur bois d'après Virgile Solis.

H W, sc. **Claude-Henri Watelet,** né à Paris en 1718, mort dans la même ville en 1786.

Hye. W. **Jérôme Vierix,** graveur, né à Amsterdam en 1551.

ZH. **Zacharie Heince,** né en 1611, mort en 1669.

I

Israel van Mecken, orfèvre et graveur de Bocholt, mort en 1503.

Mercure Jollat, graveur en bois, né en France, qui signa ainsi, au XVIe siècle, quelques planches.

Cette marque se trouve sur un grand nombre de gravures sur bois, attribuées à Walter van Assen. Cette opinion n'est pas admise par Brulliot, qui donne ce monogramme à Jacques Cornelisz von Oostsanen, dans le Waterland.

Jacques Corneille van Oostsanen, graveur du XVIe siècle, de l'école néerlandaise.

Jean-André di Vavassori, dit **Guadagnino;** travaillait à Venise à la fin du XVe siècle et au commencement du XVIe.

Josse Amman, né à Zurich en 1539, mort à Nuremberg en 1591.

I A (navette) Le **Maître à la navette,** graveur allemand et orfèvre, qui gravait en 1478 à Zwoll.

J.A T. Je **Jean-André Thelot,** né à Augsbourg en 1654, mort en 1734.

IACOBUS PARMENSIS **Jean-Jacques Caraglio,** graveur; travaillait d'après le Parmesan, au XVIe siècle, en Italie.

Jacques de Barbari, dit le *Maître au Caducée,* graveur, né à Nuremberg, et gravant à Venise vers l'an 1500.

I A D C **Jacques Androuet du Cerceau,** architecte et graveur à l'eau-forte français, né vers 1529, mort en 1614.

IA fec. **Jean Azelt,** né en 1654; travaillait à Nuremberg au XVIIe siècle.

I. Am. **Jérémie Amman,** graveur; grava sous ces initiales d'après F. Chauveau, dans la deuxième moitié du XVIIe siècle, à Strasbourg.

I B **Jacques Binck,** né à Cologne vers 1490, mort à Kœnigsberg en 1568; travaillait au milieu du XVIe siècle.

I. B. **Joseph Boillot,** graveur de Langres; travaillait vers la fin du XVIe siècle, entre 1598 et 1603.

| I B | **Georges Bruckner** (qu'il faut lire Jörg), graveur; travaillant en 1560 à Breslau.

Giovanni-Battista del Porto, dit le *Maître à l'oiseau,* graveur italien; travaillait en 1502.

I. B. C. **Jean-Baptiste Coriolano,** peintre-graveur au burin, né vers 1596.

I. Benssh **Jean Bensslieimer,** dessinateur et graveur de Dresde de la deuxième moitié du XVIIe siècle.

·I·B·F. **Jules Bonasone,** graveur au burin et à l'eau-forte, né vers 1500, mourut à Rome vers 1580. Il étudia chez Marc-Antoine-Raimondi.

I. B. F., J. B. *f.* **Jean Bonnard,** dessinateur et graveur parisien de la fin du XVIIe siècle.

I. B. MANTVANVS **Jean-Baptiste Ghisi,** dit le **Mantouan,** né à Mantoue vers 1503, mort en 1575.

OB·I· **Jules Bonasone,** graveur au burin et à l'eau-forte, né vers 1500, mourut à Rome vers 1580. Il étudia chez Marc Antoine Raimondi.

I. B. *sc.* **Jean Bensheimer,** né à Dresde; travaillait dans la seconde moitié du XVIIe siècle.

I. B. T. del. **Jean-Baptiste Tiepolo,** peintre et graveur à l'eau-forte, né à Venise en 1697, mort à Madrid en 1770.

IB **Jules Bonasone,** graveur au burin et à l'eau-forte, né vers 1500, mourut à Rome vers 1580. Il étudia dans l'atelier de Marc-Antoine Raimondi.

IVBF. **Jean vander Bruggen,** né à Bruxelles en 1649; s'établit à Paris comme marchand d'estampes.

IWB **Jean-Guillaume Baur,** né à Strasbourg en 1600, mort à Vienne en 1640.

I C **Jérôme Cock,** né à Anvers en 1510, mort en 1570, et **Jean Collaert,** graveur flamand du XVIe siècle, ont employé cette marque quelquefois.

I C **Jacques Courtois,** dit le **Bourguignon,** peintre et graveur à l'eau-forte, né à Saint-Hippolyte en 1621, mort à Rome en 1676.

I C B *fec.* **Jacques Binck,** peintre-graveur du XVIe siècle. Il était né vers 1504 et mort vers 1569.

I. C. F. **Joseph Caletti,** dit **Cremonese,** peintre-graveur, né à Ferrare vers 1600, mort vers 1660.

I. C. I. **Christophe Jegher,** graveur en bois, né vers 1578; travaillait à Anvers, et mourut vers 1660.

I𝕮 **Jean Leclerc**, éditeur à Paris au milieu du XVIe siècle.

I C. S. A. **Jacques Custos**, graveur d'Augsbourg, fils de Dominique Custos.

I D. **J. Dasveld**, boulanger et graveur à l'eau-forte, né à Amsterdam en 1770; gravait entre 1814 et 1820.

I D D f **Jean Duvet**, dit le *Maître à la Licorne,* orfèvre et graveur à Langres, né en 1485.

I. D. F. **Jérôme David**, graveur au burin, frère de Charles; travaillait à Paris et à Rome vers le milieu du XVIIe siècle.

I. D. P. **Jean-Dominique Picchianti**, graveur et dessinateur, né à Florence en 1670.

ID *ec.* **Jean Le Duc**, peintre et graveur à l'eau-forte, né à La Haye en 1636. Il fut élève de Paul Potter; travaillait vers 1664.

I TB.FE. **Jean-Théodore de Bry**, né à Liège en 1561, mort à Francfort-sur-le-Mein en 1623.

Ieronimus W. **Jérome Wierix**, graveur, né à Amsterdam en 1551.

I. F. **Jérémie Falck**, graveur au burin, né en 1629, mort en 1709.

I. F. **Jacques Francia,** graveur et orfèvre, mort en 1557; graveur italien de l'école de Bologne.

IF 1812. ou J. F. sc. 1786 **Joseph Fischer,** né en 1767, mort en 1822.

.I. ✱ FECIT. 1625. **Jacques Stella,** peintre-graveur, né à Lyon en 1594, mort à Paris en 1647.

I. F. F. sculp. **Jean-Frédéric Fleischberger;** travaillait à Nuremberg dans la seconde moitié du XVIIe siècle.

I GF **Jacques Granthomme,** né à Heidelberg vers 1560.

I·F·L· **Jean-François Léonard,** graveur à la pointe, né à Dunkerque en 1633, mort en 1687.

I·F·L. ou J F L exc. **Jean-Frédéric Léopold,** graveur et éditeur, né à Augsbourg vers 1668, mort en 1726.

IV **Jacques Valesio,** né à Vérone; travaillait dans cette ville à la fin du XVIe siècle.

I. F. v. S. **Jérémie Falck,** né en 1629, mort en 1709.

IFW Sculp. **Jean-François Wussin,** graveur de Munich entre 1660 et 1700.

IG Graveur sur bois d'une Bible de Nuremberg en 1670.

IG **Joseph Goossens,** graveur flamand du xviie siècle, dans le goût des de Passe.

IG. aco de VE. **Jacques Guckeisen,** graveur de Cologne vers 1578.

Jean Gallus, graveur en bois et en camaïeu, né en France; travaillait en Italie au xvie siècle.

I G. fec. et exc. **Jacques Gole,** graveur en en manière noire, anglais, né à Amsterdam vers 1660, mort vers 1730.

IGH. **Jacques Granthomme,** né à Heidelberg vers 1560.

I G S **Jean-Godefroy Seuter,** graveur au burin, né à Augsbourg en 1717, mort en 1800.

IG sc. **Jacques de Gheyn,** le Vieux, peintre et graveur au burin, né à Anvers en 1565, mort en 1615.

I G T. sc **Jean-Godefroy Thelot,** graveur d'Augsbourg, né en 1708.

I G W 1738 ou 1747 **Jean-Georges Wille,** graveur au burin, né à Kœnigsberg en 1717, mort à Paris en 1808.

I.H **Jérôme Hopfer,** graveur allemand; travaillait vers 1520.

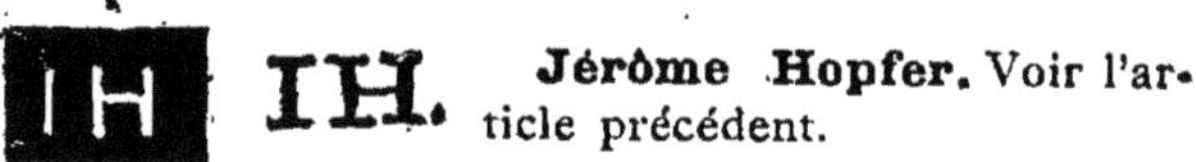

IH IH. **Jérôme Hopfer.** Voir l'article précédent.

I. hal **Jean Halbeck,** graveur de Copenhague vers 1620.

I·H·G· Graveur anonyme du xve siècle, élève de Martin Schongauer (?)

I HP.f. **J. H. Prins,** né à La Haye vers 1758, mort en 1805.

I H Rmbg **Jean-Henri Ramberg,** peintre-graveur, né à Hanovre en 1763; travailla longtemps en Angieterre.

I. H. V. E. Graveur allemand anonyme du XVIe siècle; travaillait d'après Albert Dürer.

IHW. **Jérôme Wierix,** graveur, né à Amsterdam en 1551.

I·I·B· **Jean-Jacques Bidermann,** graveur et peintre, né à Winterthur en 1760; travailla à Dresde.

Jean-Juste Preisler, né à Nuremberg en 1698, mort dans la même ville en 1771.

I. I. P. SC. **Jean-Juste Preisler,** peintre-graveur, né en 1698, mort en 1771.

I. I. T. **Jean-Jacques Thourneysen,** graveur au burin, né à Bâle en 1636, mort en 1718.

Jean-Jacques de Sandrart, né en 1655, mort à Nuremberg en 1698.

I. B. **Jean Barra,** né en Hollande, mort à Londres en 1634.

Jean Kellerdaller, le père; travaillait à Dresde en 1558.

IK **Joseph Koch**, peintre et graveur à l'eau-forte, né en Tyrol en 1769; vivait à Rome en 1830.

Jean Ladenspelder, d'Essen, né en 1511, mort après 1554.

IL **Jean Langlois**, dessinateur et graveur au burin, né à Paris en 1649.

IL **Jean Lenfant**, graveur au burin, né à Abbeville vers 1615, mort en 1674 à Paris.

I. L. ou IL. **Jean Livens**, graveur à l'eau-forte, né à Leyde en 1607, élève de Lastman, mort à Anvers en 1663.

IL **Jean Louys** ou **Jacob Louis**, graveur au burin, né à Anvers en 1600, élève de Soutman.

IL **Jean Luyken**, dessinateur et graveur, né à Amsterdam en 1649, mort en 1712.

ILA Jun **Jacob l'Admiral**, peintre-graveur à l'eau-forte; travaillait en Hollande de 1730 à 1760.

I L C ou J L C — **Jean Le Clerc**, graveur et libraire de Paris sous Henri III et Henri IV.

Jacques-Lucius Corona, graveur en bois, né à Cronstadt; travaillait vers 1540.

I le P. — **Jean Le Pautre**, graveur, né à Paris en 1618, mort en 1682.

I. L. F. — **Jean Luyken**, graveur à l'eau-forte, né à Amsterdam en 1649, mort en 1712.

Laurent-Janss Micka, graveur du commencement du XVIIe siècle.

VO — **Jean-Louis Valesio**, né à Bologne en 1561, mort à Rome vers 1640.

Jean-Sébastien Leitner, né à Nuremberg en 1713, mort dans la même ville en 1795.

Jean Ladenspelder, d'Essen, né en 1511, mort après 1554; travaillait en Allemagne.

I. Luyk — **Jean Luyken**, graveur à l'eau-forte, né à Amsterdam en 1649, mort en 1712.

M — **Jean-André Maglioli**, graveur à Rome entre les années 1580 et 1610.

Joseph Metzger; gravait en bois dans la seconde moitié du XVIe siècle. Il était de Gœrlitz.

Joseph Meurer; travaillait en Flandre au XVIIe siècle.

Israel van Mecken, graveur au burin et orfèvre de Bocholt, mort en 1503.

Jean Martss de Jonghe, dessinateur et graveur à l'eau-forte, né en Hollande vers 1600; travaillait vers 1632.

Michel Natalis, né à Liège en 1606, élève de Corneille Bloemaert.

Jacques-Guillaume Méchau, peintre-graveur, né à Leipzig en 1745, mort en 1808.

IMF *fecit* — **Jean-Melchior Fuessli**, dessinateur et graveur de Zurich, né vers 1677, mort en 1736.

I. M. F. — **Jean Meyer**, graveur de Zurich, né en 1655, mort en 1712.

Jacques Mettenleitter, né à Groskuchen en 1750, mort à Saint-Pétersbourg en 1825.

MP **Michel Pregel**; travaillait en Hollande en 1610.

IMP . JMPsc **Jean-Martin Preisler**, graveur, né à Nuremberg en 1715, mort à Copenhague en 1797.

MP sc **J. M. Pelais**; travaillait à Rome au commencement du XVIIe siècle.

IMRF **Jean-Maurice Roverre**, dit **Fiaminghini**; travaillait à Milan vers 1600.

I·M·S· **Jean Müller**, né à Amsterdam vers 1570; travaillait de 1585 à 1625.

IMS. I·M·S 1559 Marque d'un graveur allemand au burin et en bois du XVIe siècle (mentionné par Bartsch, VII, 546) et que Passavant estime être Jean de Mabuse (?)

MW **Martin Weichman**, graveur allemand du XVe siècle.

NR **Nicoletto Rosex**, dit **da Modena**, graveur au burin italien; travaillait entre 1500 et 1512.

Jean-Népomucène Schlœdiberger, né à Vienne en 1779.

INS **Jean-Népomucène Schlœdiberger.** Voir l'article précédent.

Jean Oliver, né à Londres en 1616, mort après 1700(?)

Jean Gallus (?), graveur en camaïeu, né en France; travaillait en Italie au xvie siècle.

Jean Antoine de Brescia, graveur, qui travailla dans l'atelier d'Andrea Mantegna et copia plusieurs pièces d'après Dürer.

Io. a Do. **Jean Doetecomius,** graveur; travaillait entre 1559 et 1595.

IO·AN·
IO AN BX **Jean-Antoine de Brescia,** graveur de l'atelier de Mantegna, fin du xve siècle et commencement du xvie.

Io BALDVNG FECIT. **Jean Baldung Grün**, graveur et peintre allemand, né vers 1476 en Souabe, mort à Strasbourg en 1552; travaillait à l'eau-forte et en bois.

Io. C. B. **Jean Castel**, graveur en camaïeu, de Bologne, entre 1630 et 1660.

Io. Dominicus filius **Jean-Dominique Tiepolo**, peintre-graveur, né à Venise en 1727; travaillait en 1753.

Io Franc Ven **Jean-François Venturini**, dessinateur-graveur, né à Rome en 1619.

Jean Gallus, graveur en camaïeu, né en France; travailla en Italie au XVIe siècle.

Io H. Fe et ex **Jean-Nicolas Hogenberg**, né à Munich en 1500, mort à Malines en 1554.

Io. IACOBUS VERoNENSIS **Jacques Caraglio**, graveur italien; travaillait d'après le Parmesan au XVIe siècle.

Io Magg F **Jean Maggi**, graveur à l'eau-forte, né à Rome en 1566, mourut vers 1620.

Jean-Ulrich Pilgrim, de Strasbourg, dit *le Maître aux bourdons croisés;* travaillait au commencement du XVIe siècle. Passavant, sur la foi de documents découverts il y a quelques années, le nomme Jean Wechtlin de Strasbourg.

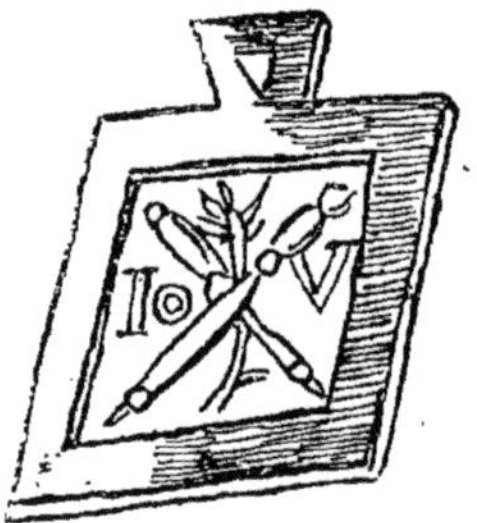

Jean-Ulrich Pilgrim. Voir l'article précédent.

IO·VA·BR·F E·

Jean van der Bruggen, graveur en manière noire, né à Bruxelles en 1649, éditeur à Paris, rue Saint-Jacques.

Io. W. B.

Jean-Guillaume Baur, né en 1600 à Strasbourg, mort à Vienne en 1640.

IP

Pierre Isselburg, né à Cologne en 1558, mort à Nuremberg vers 1630.

P

Peregrini da Cesena, nielleur italien; travaillait au XVe siècle.

IP *IP* — Marque des **Papillon, Jean** le père et **Jean** le fils, graveurs en bois des XVIIe et XVIIIe siècles en France.

IP — **Léonard Norsini,** dit **Parasole,** né à Rome en 1570, mort en 1630.

IP. — **Jean-François Pelegrini,** né à Ancône; travaillait entre 1628 et 1631.

IP. — **Jacques Petrus,** graveur au burin, d'Augsbourg, dans la deuxième moitié du XVIIe siècle.

I. P. D. *sc.* — **J. P. Demleutner;** travaillait vers 1720 à Bamberg (?).

Jean Perrissin et **Jacques Tortorel ;** ont dessiné et gravé ensemble, sans qu'il soit possible d'indiquer la part de chacun dans ce travail, une suite de quarante planches sur les événements arrivés en France de 1569 à 1570.

IPF. — **Jacques Palma,** le Jeune, graveur à l'eau-forte, né à Venise en 1544, mort dans la même ville en 1628.

IPF *IPF* — **Jean Papillon,** le fils, né à Saint-Quentin en 1661, mort à Paris en 1723.

IPf. · I · P · — **Jacques Piccini,** graveur, né à Venise en 1617.

I·P·L. J·P·L

Jean-Pierre Langer, né à Kalkum en 1759, mort à Munich en 1824.

Jacques Tortorel, dessinateur-graveur français de la deuxième moitié du XVIe siècle.

Jean Perrissin, graveur et dessinateur de la suite d'estampes sur les guerres de religion en France au XVIe siècle.

IP. sc.

Jean Lepautre, dessinateur et graveur à l'eau-forte, né en 1618, mort à Paris en 1682.

Jacques Ruysdael, peintre et graveur hollandais à l'eau-forte, né à Harlem vers 1635, mort dans la même ville en mars 1682.

IR

Jean Rabel, peintre-graveur de Beauvais, né en 1550, mort en 1603.

IR

Jonathan Richardson, graveur à l'eau-forte, né à Londres en 1665, mort dans la même ville en 1745.

IR. JR
I.RI.

Jean-Baptiste Rigaud, graveur français de la fin du XVIIIe siècle.

IRW

Jérôme Wierix, né à Amsterdam en 1551.

Joachim de Sandrart, né à Francfort-sur-le-Mein en 1606, mort à Nuremberg en 1688.

Jean Savage, graveur au burin, né en Angleterre en 1640; travaillait à Londres en 1680.

Jean Savary, peintre et graveur, né à Courtray en 1580, élève de Bol.

J. G. Schickler, graveur en bois allemand; travaillait à la fin du xviie siècle.

Joseph Schmitt; grava, comme amateur, au commencement du xixe siècle, quelques planches à l'eau-forte; il était originaire de Bamberg.

Jean Schweizer; travaillait à Heidelberg dans la seconde moitié du xviie siècle.

Jean Simon, né en Normandie vers 1670, mort à Londres en 1755.

Jean Spilenberger, hongrois qui travailla successivement à Venise, à Augsbourg et à Vienne, mort en Bavière en 1673.

Jean Swart de Groningue, graveur au burin, du xvie siècle, de l'école de Lucas de Leyde.

IS., *IS Sc* *IS excud.* **Jean Sadeler,** né à Bruxelles en 1550, mort à Venise en 1610.

I S **Jean Schultes,** graveur en bois à Augsbourg; travaillait entre 1620 et 1630.

IS **Jean Schumer,** graveur à l'eau-forte allemand; travaillait au XVIIe siècle.

·I·S· 1534 15 I·S 64. Deux anonymes allemands du XVIe siècle. (Bartsch, IX, 38, et IX, 498.)

Isabelle. **Isabelle-Marie-Louise de Bourbon,** princesse de Parme, graveur à l'eau-forte, née le 14 août 1727, morte le 6 décembre 1759.

ISader **Jean Sadeler,** graveur, né à Bruxelles en 1550, mort à Venise en 1610.

ISf **Sébastien Jenet,** graveur allemand; travaillait en 1646.

ISfe **Jean Sadeler,** né à Bruxelles en 1550, mort à Venise en 1610.

ISL 1554 **Jean Sebald Lautensack,** graveur à l'eau-forte et sur bois, né vers 1524, mort après 1560; travaillait au milieu du XVIe siècle, à Vienne.

Israel **Israel Silvestre,** dessinateur et graveur, né à Nancy en 1621, mort à Paris en 1691.

IS sc, IS ex. IS ex. **Jean Smith,** graveur anglais, né en 1652, mort en 1719.

IS sculp. IS sc. **Jonas Suyderhoef,** né à Leyde en 1613 (Nagler, dit 1600), élève de Soutman, mort après 1668.

IS sculp. **Jean Saenredam,** graveur à l'eau-forte, né à Leyde entre 1565 et 1570, mort en 1607, élève de Gheyn et Goltzius.

Inigo ou **John (?) Thompson,** graveur anglais du commencement du XIXe siècle.

Jean van Somer, né en Hollande vers 1640.

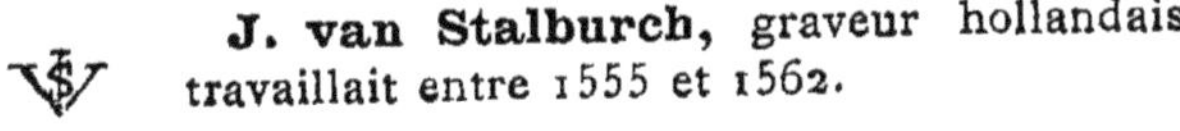

J. van Stalburch, graveur hollandais travaillait entre 1555 et 1562.

SF. **Jules Sanuti**; travaillait à Venise entre 1569 et 1580.

I. T. **Jean Toutin**, orfèvre et graveur de Châteaudun; travaillait entre 1618 et 1640.

I. T. B. **Jean-Théodore de Bry**, né à Liège en 1561, mort à Francfort-sur-le-Mein, en 1623.

I T F **Jacques Tortorel**, dessinateur-graveur de la deuxième moitié du XVIe siècle. A gravé les planches des guerres de religion avec Perrissin en 1569-70.

IT, IT **Jacques-Lucius Corona**, dit **Transilvanus**, graveur sur bois, né à Cronstadt au XVIe siècle.

I. u. h. **Jacques van der Heyden**, né à Strasbourg vers 1570; travaillait à Francfort au commencement du XVIIe siècle.

V **Jean Vauquier**, dessinateur-graveur, né à Blois au XVIIIe siècle.

I♀V Graveur anonyme de l'école de Fontainebleau au XVIe siècle, que Passavant croit être Jean Verdun, tailleur d'images.

I. V. fo. **Jean van der Velde**, né à Leyde vers 1598.

I·V·H. **Jean van Hugtemburch,** né à Harlem en 1646, mort à Amsterdam en 1730. Travailla en France où il signa des planches relatives à Louis XIV.

I. V. K. **Jean-Ulric Kraus,** né à Augsbourg en 1645, mort dans la même ville en 1719.

·I·V·M·, ·I VM· **Israel van Meckenem,** graveur, né à Bocholt, mort en 1503; travailla à la fin du XVe siècle.

Jean van Somer, né en Hollande en 1640.

I. V. S. **Jean Valdor,** né à Liège vers 1590; travailla à Paris.

I·V·V· *fe,*
·*JVV.* **Jean van der Velde,** né à Leyde vers 1598.

Isaac Walraven, graveur amateur d'Amsterdam, mort dans cette ville en 1765.

IW Graveur allemand anonyme du XVIe siècle; travaillait dans le goût de Beham.

I W **Jean Valdor,** né à Liège vers 1590; travailla à Paris.

I W. **Jean Villenberger,** de Prague; travaillait au commencement du XVIIe siècle.

Ou **Joseph Wagner,** né en 1706 et mort à Venise en 1780.

I. W. **Jean Wierix,** né à Amsterdam en 1550.

J

J **Edme Jeaurat,** graveur au burin, né à Vermenton près d'Auxerre en 1688, mort en 1738.

J.A. **Jean Audran,** né à Lyon en 1667, mort le 17 juin 1756; grava d'après Watteau.

J. A. B. **Jean-Alexandre Boener,** né à Nuremberg en 1647, mort dans la même ville en 1720.

Jac. Joanninus **Jacques-Marie Giovannini,** graveur, né à Bologne en 1667, mort à Parme en 1717.

Jacob Grandh. **Jacques Granthomme,** graveur de la fin du XVIe siècle; travailla en France et à Heidelberg.

J.A.f. **Jean Almeloveen,** graveur hollandais; travaillait en Hollande en 1600.

J.A.L **Jean-Antoine Langendyck,** né à Rotterdam en 1780, mort à Amsterdam en 1818.

J.A.M.fec **Joseph-Adam Muller,** né à Erdingen en Bavière, mort en 1710.

J a M. Sc **Joseph a Montalègre;** travaillait à Nuremberg et à Francfort entre 1704 et 1716.

Jan. Londer. **Jean van Londerseel,** graveur, né à Bruges en 1582.

J aug L. fe 1799 **J. Auguste Lagrenée,** peintre et graveur français en manière de lavis; fin du XVIIIe siècle.

J.B. **Joseph Bergler,** né à Salzbourg en 1733, mort à Prague en 1829.

J. Bap. **Jean-Baptiste Courtois.** dit le **Bourguignon,** frère de Jacques; travaillait au milieu du XVIIe siècle.

J. Baptiste sculp. **Jean-Baptiste Monnoyer,** peintre-graveur de fleurs, né à Lille en 1633. mort à Londres en 1699.

J. B Centensis **Jean-Baptiste Pasqualini,** peintre-graveur à l'eau-forte, né à Cento près Bologne en 1585; travaillait à Rome de 1619 à 1630.

J. B. del. et sc. **Jean Berka,** né en Bohême en 1758; vivait encore en 1815.

Jean Bemme, dessinateur et graveur à Rotterdam, né en 1775; travaillait en 1804.

J. B. J. **Jean-Baptiste Jackson**, peintre et graveur anglais, né en 1701, mort après 1754.

J. B. L. M. **Jean-Baptiste-Louis Massard**, graveur français, né en 1774, mort en 1810.

J. B. M. P. **Jean-Baptiste-Michel Papillon**, graveur en bois, né à Paris en 1720, mort en 1746.

J. B R Sculp. **Jean-Baptiste Rigaud**, graveur français de la fin du XVIIIe siècle, fils de Jean Rigaud (1700-1754).

J C 1790 **Jean Chalon**, dessinateur et graveur, né à Amsterdam en 1738, mort à Londres en 1795.

J C 1801 **Le Chevalier J. de Claussin**, graveur à l'eau-forte, né en 1795, mort en 1844.

J C D **Jean-Christophe Dietzsch**, peintre et graveur à l'eau-forte, né à Nuremberg en 1710, mort en 1769.

J C Fe **Jurien Cootwyck**, orfèvre et graveur d'Amsterdam vers 1768.

J ch B 1785 **Jean-Chrétien Brand,** graveur à l'eau-forte, né à Vienne en 1723; gravait en 1785. Professeur à l'Académie de Vienne.

J.C.H. **Jean-Caspar Huber,** graveur à l'eau-forte allemand, né en 1752.

J C S Sc A 1721. **Jean-Christophe Sysang,** graveur allemand, né en 1703, mort après 1757.

J. D. **Jean Dunstall,** graveur anglais; travaillait à Londres vers 1630.

J. D. B. **Jean Duplessis - Bertaux,** graveur français, né à Paris en 1747, mort en 1813.

J de R **Jean de Ram,** dessinateur et graveur hollandais, né vers 1680 (peut-être élève de Hooghe).

J. D. F. **Jacques de Fornazeri,** graveur au burin italien, appelé plus ordinairement de Fornazeris; travaillait entre 1594 et 1622.

J. D. fe. **Jean Daullé,** graveur, né à Abbeville le 18 mai 1703, mort à Paris en avril 1763.

J D fecit **Jacques de Wit,** peintre et graveur à l'eau-forte, né à Amsterdam en 1695, mort en 1754.

Josie English, graveur anglais, mort en 1718, imitateur maladroit de Wenceslas Hollar.

Jean Francese **Jean-François Grimaldi**, peintre et graveur, né à Bologne en 1606, mort à Rome en 1680.

Jean m. **Jean Marot**, né à Paris en 1640, mort en 1701.

Jean Theodore f **Jean-Théodore de Bry**, graveur au burin, né à Liège en 1561, mort à Francfort-sur-le-Mein en 1623.

J.E.M. fe **Jean-Ernest Mansfeld**, graveur, né à Prague en 1758.

Jer. Am. **Jérémie Amman**, graveur à l'eau-forte; travaillait à Strasbourg en 1671.

J. E. R. f. **Jean-Élie Ridinger**, peintre de chasse et graveur, né à Ulm, mort en 1767 à Augsbourg.

J. E Rid. **Jean Élie Ridinger.** Voir l'article précédent.

JF **Jérémie Falck**, graveur, né à Dantzig en 1629, mort en 1709.

J. F. 1726 **Jean-Frédéric Fleischberger**, graveur de la seconde moitié du XVIIe siècle; travaillait à Nuremberg.

J. F. cb. **Jean-Frédéric Christ,** graveur à l'eau-forte, né en 1701 et mort à Leipzig en 1756. (?)

J. F. Fleischb. sculp. **Jean-Frédéric Fleischberger,** graveur de Nuremberg au milieu du XVIIe siècle.

J G **Jean de Groot,** graveur de Vlissingue du commencement du XVIIIe siècle.

J G B **Jean-Georges Bergmüller,** peintre et graveur à l'eau-forte, né à Burckem en 1688, mort en 1762.

J·B Fecit 1636 **Jean G. Bronckhorst,** né à Utrecht en 1603, mort vers 1680; travailla à Amsterdam et à Utrecht.

J G f **Jean-Georges van Vliet,** élève de Rembrandt; gravait vers 1630.

J G fe **Jean Glauber,** peintre et graveur à l'eau-forte, né à Utrecht en 1646, mort à Amsterdam en 1726.

J. G. fe. et ex **Jean Gole,** graveur en manière noire, né à Amsterdam en 1660, mort en 1737.

J G B fecit **Jean G. Bronckhorst,** peintre et graveur, né à Utrecht en 1603, mort en 1680.

J G fecit acc de **Jean G. Bronckhorst.** Voir l'article précédent.

J. G. G f Romae **Jean-Godefroy Glauber,** peintre-graveur, né vers 1656, mort à Breslau en 1703.

J G H. **Joseph G. Hauber,** graveur à l'eau-forte, né à Geradsried en 1766, mort à Munich en 1834.

J G H. fec **Jean-Georges Hertel,** graveur au burin de la fin du XVIIIe siècle; travaillait à Augsbourg.

J. G. H. sc. **Jacques Granthomme,** graveur de la fin du XVIe siècle; travailla en France et à Heidelberg.

J G inc **Joseph Greuter,** graveur allemand; travaillait à Rome vers 1648.

J. G. K. **Jean Godefroy Krügner,** graveur de Leipzig en 1705.

J. G. M. Sc. **Joseph-Georges Mansfeld,** graveur de Vienne, fils de Jean-Ernest, mort en 1818.

J. go. fec et exc. **Jean Gole,** graveur hollandais en manière noire, né à Amsterdam en 1660, mort en 1737.

WJC **Jean-George Waxschlunger**, graveur à l'eau-forte; travaillait à Munich dans la seconde moitié du XVIIIe siècle.

J.G.W.Sc **Jean-Georges Wolfgang**, graveur d'Augsbourg, mort en 1748.

J.H. **Jean van den Hecke**, peintre et graveur à l'eau-forte, né à Quaremonde en 1620; vivait à Anvers en 1660.

J h **J. Houdan**, dessinateur et graveur à Paris entre 1775 et 1804.

J H fec **Jean Hainzelman**, graveur au burin, né à Augsbourg en 1641; travailla à Berlin et à Paris où il mourut en 1693; frère d'Élie, élève de de Poilly.

J.H.M.f. **Jean-Henri Meil**, graveur, né à Gotha en 1729, frère de Jean-Guillaume.

J. Houb **Jacques Houbraken**, graveur, né à Dordrecht en 1698, mort en 1780.

J. H R. **Jean-Henri Rode**, né à Berlin en 1727, mort en 1759.

JH sc. **Jacques Houbraken**, graveur au burin, né à Dordrecht en 1698, mort en 1780.

JH.S.P. **Jean-Henri Schœnfeld**, né à Biberach en Souabe, mort à Augsbourg en 1675.

J. VH. J. **Jean vanden Hoecke,** né à Anvers vers 1600, mort dans la même ville en 1650.

Jia P. **Jacques Piccini,** graveur italien, né à Venise en 1617; travaillait entre 1637 et 1669.

J in, f. **Jean-Baptiste Jackson,** peintre et graveur sur bois, né en 1701, mort après 1754; travaillait en Angleterre au milieu du XVIIIe siècle.

JJ **Jules-Ferdinand Jacquemart,** graveur à l'eau-forte, né à Paris en 1837, mort en 1882.

J.J. J.J. **Jean-Baptiste Jackson,** né en 1701, élève de Wille, mort après 1754.

JJS. fecit **Jean-Jacques de Sandrart,** graveur à la pointe et au burin, né en 1655, mort à Nuremberg en 1698.

J B **Joseph Brecheisen;** travaillait à Copenhague dans la seconde moitié du XVIIIe siècle.

JK **Joseph Keller,** graveur de Bonn; travaillait vers 1830.

JK **Jacques Kerver** de Paris, graveur sur bois, qui travaillait en Allemagne au XVIe siècle.

George Knapton, né en 1698 en Angleterre, mort à Kensington en 1788.

Jean Kobell, né à Utrecht en 1782, mort à Amsterdam en 1814.

JKD 1795 **Cantius Dillis,** graveur et peintre, né à Giebing en 1779.

Jean Kobel, né à Utrecht en 1782, mort à Amsterdam en 1814.

Louis Krones, né à Prague en 1785; travaillait déjà en 1802.

Jean Kirchner, graveur à l'eau-forte, né vers 1796, de Nuremberg.

Jean-Ulric Kraus, né à Augsbourg en 1645, mort dans la même ville en 1719.

Jean Leypold; vivait en Allemagne au commencement du XVIIe siècle.

Jean-Jacques Lips, graveur, né à Zurich vers 1790, mort en 1835.

Jean Landseer, dessinateur et graveur au burin, né à Londres en 1770, mort en 1833.

J. Lindemann; travaillait en Allemagne au XVIIIe siècle.

Laurent-Janss Micka; travaillait au commencement du XVIIe siècle. Patrie inconnue.

P. L. Jaquemain, graveur français du commencement du XIXe siècle.

Jean Lepautre, dessinateur et graveur à l'eau-forte, né en 1618, mort à Paris en 1682, et **Jean Boulanger,** dessinateur et graveur au burin, né vers 1607 et mort à la fin du siècle.

Isaac Major, né à Francfort-sur-le-Mein en 1576, mort en 1630, élève de G. Sadeler.

Jacques Matham, né à Harlem en 1571, mort en 1631, élève de H. Goltzius.

Joseph Mulder, né à Amsterdam en 1672.

Joseph Matzkerr, orfèvre et graveur de Gorlitz vers 1600.

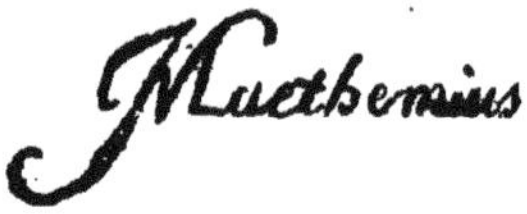

Jacques Matham, graveur, né à Harlem en 1571, mort en 1631.

J M B Sc **Jean-Martin Bernigeroth**, graveur, né à Leipzig en 1713, mort en 1767.

J Mᵉʳ **Juste-Aurèle Meissonnier**, peintre et graveur, né à Turin en 1695, mort en 1750 à Paris.

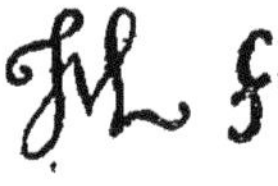

Jean Müller, graveur de l'école de Goltzius; travaillait entre 1589 et 1625.

J M M 1800 **Jean-Michel Mettenleiter**, graveur, né à Groskuchen en 1750, mort à Saint-Pétersbourg en 1825.

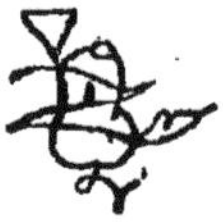

Jean-Marie Pomedello; travaillait à Villafranca dans la première moitié du XVIᵉ siècle.

JMP **Jean-Michel Püchler**; travaillait à la fin du XVIIᵉ siècle à Augsbourg.

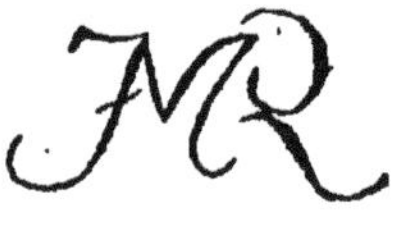

Jean-Melchior Roos, né à Francfort-sur-le-Mein en 1659, mort en 1731.

J M sc. **Isaac Major**, graveur et peintre de Francfort vers 1576, mort à Prague en 1630.

J M sculp. **Jean Moyreau,** né à Paris en 1712, mort en 1762.

Jean-Martin Winterstein, graveur de portraits à Hambourg.

J.N.f. **Jean-Nepomuc Nusbiegel,** graveur, né à Nuremberg en 1740; vivait et travaillait encore en 1809.

J.N.N. **Jean-Nepomuc Nieberlein,** graveur à l'eau-forte; travaillait à Elwangen vers 1710.

Jean-Nicolas Papillon, né à Saint-Quentin en 1663 et mort à Paris en 1714.

JRob **Nicolas Robert,** peintre-graveur, né à Langres en 1610, mort à Paris en 1684.

Joan Coll. **Jean Collaert,** graveur, né à Anvers en 1545; travailla en Hollande et en Italie.

Joan Mul **Jean Muller,** graveur au burin, né vers 1570; travaillait en 1625.

Joannes Andre as Ma.in fa **Jean André Maglioli,** graveur à Rome; travaillait entre 1580 et 1610.

Joan Sadl. **Jean Sadeler,** graveur, né à Bruxelles en 1550, mort à Venise en 1610.

HLf. **Jean Oertl**, né à Breslau en 1690; y travaillait vers 1715.

J. O. f. **Jean** ou **Josse Ossenbeck**, graveur à l'eau-forte, né à Rotterdam en 1627, mort en 1678; travailla à Vienne, Ratisbonne, et en Italie.

R. Sculp. **Godefroy-Frédéric Riedel**, né à Dresde en 1724, mort à Augsbourg en 1784.

Joh. H. **Jean Hogenberg**, peintre et graveur, né à Munich vers 1550, mort à Malines au commencement du XVIIe siècle.

Jo. Is. de B. **Jean-Israel de Bry**, graveur, frère de Jean-Théodore, mourut vers 1611.

Jorma. Anagramme de **Thomas Major**, graveur anglais à l'eau-forte et au burin, né en 1714, mort en 1768. Cet anagramme se trouve sur les copies faites pour Basan, d'après lui.

Ja.s Ba. Cent.s **Jean-Baptiste Pasqualini**, graveur à l'eau-forte, né à Cento, près Bologne, en 1585; travailla à Rome de 1619 à 1630.

J. O. Skippe, graveur en bois de la fin du xviiie siècle, dont les ouvrages semblent imités de ceux de J. Jakson; travaillait en 1780 et 1811 en Angleterre.

Joseph . Diam. **Joseph Diamantini,** peintre-graveur à l'eau-forte italien, né à Fossombrone en 1660, mort à Venise en 1722.

Josias Eng. **Josie English,** graveur, imitateur de Wenceslas Hollar; travaillait au milieu du xviie siècle.

Jos . Par **Joseph Parrocel,** peintre-graveur français, né à Brignoles, en Provence, vers 1648, mort en 1704.

Jo. Theo et Jo Is de B. **Jean-Théodore** et **Jean-Israel de Bry,** éditeurs et graveurs, nés : le premier en 1561, mort vers 1623; l'autre, mort vers 1611.

Jean Papillon, le fils, né à Saint-Quentin en 1661, mort à Paris en 1723.

J. P. **Jean Payne,** graveur, né à Londres en 1606, mort en 1646. Élève de Simon de Pane.

J. P. **Jean** et **Jules Percellis,** père et fils, aquafortistes, nés : le père, vers 1598, à Leyde; le fils, au milieu du xviie siècle.

Joseph Pichler, graveur en manière noire, né à Botzen en 1766, mort en 1806.

J.P.f. **Jean Papillon**, le fils, né à Saint-Quentin en 1661 et mort à Paris en 1723.

J. Parros. **Joseph Parrocel**, peintre-graveur à l'eau-forte, né à Brignoles vers 1648, mort à Paris en 1704.

Gaspard-Philippe Jakobsz, dessinateur et graveur, né à Amsterdam en 1732, mort en 1789.

J P in et fec **Joseph Parrocel**, peintre et graveur français, né à Brignoles vers 1648, mort à Paris en 1704.

J P L fecit **Joseph Parrocel**. Voir l'article précédent.

J P L fecit **Jean Pillement**, peintre-graveur, né à Lyon en 1727, mort à la fin du XVIIIe siècle.

J. P. Piwarski, graveur et lithographe polonais; publia des portraits à Varsovie entre 1850 et 1857.

Jean-Georges Penzel, né à Hersbruck en 1764, mort à Leipzig en 1809.

Joseph Ribera, peintre et graveur à l'eau-forte, dit **l'Espagnolet,** né en 1588, mort en 1656.

R. Robinson, graveur en manière noire, qui travaillait en Angleterre à la fin du XVIIe siècle.

Jacques Ruysdael, graveur à l'eau-forte, né à Harlem vers 1635 (?), mort dans la même ville en mars 1682.

Joseph Ribera, peintre et graveur à l'eau-forte, né en 1588 et mort en 1656.

Jean Roppelt, né à Bamberg en 1744.

J. B. Isenring, graveur de Saint-Gall; travaillait vers 1825.

Jean de Ram, graveur hollandais, né vers 1680.

Jean-Baptiste Rigaud, dessinateur et graveur de la fin du XVIIIe siècle.

J R. SB. **Jean-Rodolphe Schellenberg,** graveur, né à Bâle en 1740, mort en 1806.

Jacques de Sandrart, né à Francfort-sur-le-Mein en 1630, mort à Nuremberg en 1708.

Jean Sauvé ; travaillait en France dans la seconde moitié du XVIIe siècle ; grava au burin des portraits assez nombreux.

J. S. **Jean Stolker,** né à Amsterdam en 1724, mort à Rotterdam en 1786.

Jean Swelinck, graveur au burin; travaillait en Hollande et en France au commencement du XVIIe siècle.

J Saenred **Jean Saenredam,** graveur à l'eau-forte, né à Leyde entre 1565 et 1570, mort en 1607, élève de Goltzius. XVIIe siècle.

J. Sch. S.c **Jean Schuman,** né à Dresde en 1761, mort à Prague en 1810.

Jean Sadeler, né à Bruxelles en 1550, mort à Venise en 1610.

J S f. **Jean Godefroy Seuter,** graveur allemand, né en 1717, mort en 1800.

J S. f. **Israel Silvestre,** dessinateur et graveur, né à Nancy en 1621, mort à Paris en 1691.

JS fec. **Jean Smith,** né à Londres en 1652, mort dans la même ville en 1719.

J S fecit **Jean Schmutzer,** graveur allemand, né en 1733.

J^s G^y **James Gillray,** dessinateur et graveur anglais, né en 1760, mort en 1825. Gillray fut surtout un caricaturiste politique.

J S'Hoef **Jonas Suyderhoef,** graveur, né à Leyde vers 1600.

J. S. K fe **Jeanne Sybille Küsell,** née à Augsbourg en 1646, morte en 1717; elle épousa Jean Krauss d'où le nom de Krausin.

J. S. L. **Jean-Sébastien Leitner,** né à Nuremberg en 1713, mort en 1795.

JS acc de PB **Jean Swelinck;** travaillait en Hollande et en France au commencement du XVIIe siècle.

Israel van Mecken, graveur, né à Bocholt et mort en 1503. Ce nom d'*Israhel* a été gravé seul ou accompagné des lettres V. M. dans les manières les plus différentes et les plus bizarres.

J. Stolk **Jean Stolker,** graveur, né à Amsterdam en 1724, mort en 1786.

Inigo ou **John Thompson ;** travaillait en Angleterre dans la première moitié du XIXe siècle.

Inigo Thompson. Voir l'article précédent.

Inigo Thompson. Voir l'article précédent.

Isaac Taylor, graveur au burin, né à Londres en 1740, mort en 1818, élève de Bartolozzi.

François-Xavier Jungwirth, né à Munich en 1720, mort après 1784.

Julio b. **Jules Bonasone,** graveur italien; travaillait au milieu du XVIIe siècle entre 1531 et 1574. Élève de Marc-Antoine.

JV **Jean Vauquer,** né à Blois en 1690; travaillait dans sa ville natale.

J. V. **Jonas Umbach,** né à Augsbourg en 1624, mort en 1700.

J. V. **Joseph Varin,** né à Châlons-sur-Marne en 1741, mort à Paris en 1800.

J V **Jules-Jacques Veyrassat,** peintre et graveur à l'eau-forte, né à Paris. Contemporain.

J. V. **Joseph-Marie Vien,** né à Montpellier en 1716, mort en 1809.

JvB **Jean van der Bruggen,** graveur en manière noire, né à Bruxelles en 1649, marchand d'estampes à Paris.

J. V. BRUG **Jean van der Bruggen.** Voir l'article précédent.

JV fec. **Jean van der Velde,** né à Leyde vers 1598.

JV fe **Jean van der Velde.** Voir l'article précédent.

Jean van Londerseel, né à Bruges en 1582.

Jean van Orley, graveur au burin, né à Bruxelles vers 1660, mort vers 1740.

Isaac van de Vinne ou **Winne,** graveur hollandais, né vers 1665, mort en 1740.

Jean-Guillaume Windter, graveur de Nuremberg; travaillait entre 1730 et 1760, mort en 1765.

Jean Vovert, né en France; grava au XVIIe siècle quelques planches destinées à servir de modèle à des damasquineurs.

Isaac Valraven, graveur amateur, d'Amsterdam, mort dans cette ville en 1765.

Jean Guillaume Kaiser, dessinateur et graveur, né à Amsterdam en 1813.

Jean-Guillaume Meil, né à Altenbourg en 1732.

Jean-Guillaume Schirmer, graveur au burin, né en 1808, mort en 1861 à Carlsruhe.

J.Z. **Jean Ziegler;** travaillait à Vienne en 1780.

Joseph-Antoine Zimmermann, né à Augsbourg en 1754.

K

K. **François-Nicolas Kœnig,** né à Berne, élève de Freudenberger; travailla à la fin du XVIIIe siècle et au commencement du XIXe.

K 1769. **André-Louis Krüger,** né à Potsdam en 1743.

K 1770 **Jean Chrétien Klengel,** né à Kesseldorf en 1751, mort à Dresde en 1824.

KL **Frédéric Chrétien Klass,** né à Dresde en 1752.

KA 1634 **Charles Audran,** né à Paris en 1594, mort en 1674. Il se nommait *Karl* pour se distinguer de *Claude* qui avait les mêmes initiales.

K B **Karl Bodmer,** peintre et graveur à l'eau-forte et dessinateur, naturaliste français, né à Zurich en 1805. Contemporain.

Jean Chrétien Klengel, né à Kesseldorf en 1751, mort à Dresde en 1824. (Le monogramme doit se lire : K-C-C-I.)

K · D · I **Karel Dujardin,** né à Amsterdam en 1635, mort à Vienne en 1678.

L. Kiel, officier supérieur russe, graveur au lavis; travaillait en 1814 et 1815.

Maurice Kellerhoven, né à Altenrath en 1758, mort à Munich en 1830.

Mathias Kager, né à Munich en 1566, mort à Augsbourg en 1634.

Melchior Kussel, né à Augsbourg en 1622, mort dans la même ville en 1683.

Jean Michel Knapp, né à Ludwigsbourg en 1793.

François-Nicolas Kœnig, graveur à l'eau-forte et à l'aquatinte, né à Berne en 1760, mort en 1832.

Charles Ponheimer; travaillait à Vienne à la fin du XVIIIe siècle et au commencement du XIXe. (Lire *Karl.*)

Charles Ponheimer. Voir l'article précédent.

R 1807 fe **Charles Russ**, né en 1779; fut garde de la galerie du Belvédère, à Vienne.

K SC **Clément Kohl**, né à Prague en 1754, mort à Vienne en 1807.

KC Sculp et ex. **Karl van Sichem**, graveur qui travaillait à Arnheim entre 1600 et 1615.

TKF **Théodore van Kessel**, né vers 1620 en Hollande.

WK.f. **Wolfgang Kilian**, né à Augsbourg en 1581, mort dans la même ville en 1662.

L

Lucas de Leyde, né en Hollande en 1494, mort en 1533.

Graveur anonyme de l'école de Nuremberg au XVIe siècle.

Jean-Frédéric Leybold, né à Stuttgard en 1755, professeur à l'Académie de Vienne, mort en 1838.

Nicolas Lanier, né en 1568, graveur de Charles Ier, roi d'Angleterre, et son musicien.

Ou **Charles-Guillaume Lachman;** travaillait à Berlin en 1779.

Adrien Lavieille, graveur en bois, né à Paris en 1818, élève de Porret; travaillait vers le milieu du siècle.

Lucas Cranach, peintre-graveur, né vers 1470 à Cranach, en Bavière, mort en 1553.

L'abbé de m. **Jean-Antoine,** abbé de **Marolles** ou **Maroulles**, graveur amateur, né à Messine en 1674, qu'il ne faut pas confondre avec MICHEL DE MAROLLES.

LAF L A **Luc - Antonio da Giunta,** graveur italien; travaillait entre 1506 et 1522.

La I M sc 1613 **Laurent-Janss Micka;** travaillait vers l'année 1610.

L A. P *sc.* **François de Lapointe;** travaillait en France vers la fin du XVIIIe siècle.

L. a. S **Louis de Siegen,** né en 1620. Passe pour être l'inventeur de la gravure en manière noire; il travaillait vers 1643.

L A^{t} *sculp.* **Jacques Aliamet,** graveur, né à Abbeville en 1728, mort en 1788.

Lau. Lo. **Laurent Loli,** graveur à l'eau-forte, né à Bologne vers 1612, mort en 1691.

B L. **Louis Backhuysen,** peintre-graveur, né à Embden en 1631, mort à Amsterdam en 1709.

LB *1701* **Louis Backhuysen.** Voir l'article précédent.

KAB L. **Louis Backhuysen.** Voir l'article précédent.

L F° **Jean Paul Lasinio,** graveur italien; travaillait de 1819 à 1836.

LF **Jean Lanfranco,** né à Parme en 1581, mort à Rome en 1642.

L F D inv et sculp **Louis-Fabrice Dubourg,** né à Amsterdam en 1691.

L G **Jean-Sauveur Le Gros,** dessinateur et graveur à l'eau-forte de Bruxelles, en 1789.

L G sculp ou fecit **Louis Gomier;** travaillait à Rome vers 1730. Était né en France.

LH, **Louis Hess,** né à Zurich en 1760, mort en 1800.

L·H **Lambert Hopfer,** graveur; travaillait en Allemagne au commencement du XVIe siècle.

L H **Laurent Holstein;** florissait en Allemagne vers 1630.

LH *LH* **Laurent de La Hire,** né à Paris en 1606, mort en 1656.

L J 1780 **Laurent Janscha,** né en 1746; travaillait à Vienne entre 1780 et 1807.

LJM f **Laurent-Janss Micka,** graveur du commencement du XVIIe siècle.

L 8 K **Louis Krug,** de Nuremberg, orfèvre et graveur du commencement du XVIe siècle.

L K A F **Lucas Kilian (Augustanus fecit),** né à Augsbourg en 1640, mort en 1708.

L. Kil **Lucas Kilian.** Voir l'article précédent.

Ferdinand Landerer, peintre et graveur à l'eau-forte, né en 1743, professeur en 1796.

Léon de Laborde (le marquis), né en 1807, mort en 1869; grava sur bois d'après Ary Scheffer et d'après les incunables et les manuscrits.

LP. cb f. **Louis-Philippe Choffard,** né à Paris en 1736, mort dans la même ville en 1809.

LF **Laurent Loli,** né à Bologne vers 1612, élève de J. A. Sirani et de Guido Reni, mort en 1692.

ML **Michel Lasne,** né à Caen en 1596, mort à Paris en 1667.

M. in et F. **Marcel Lauron**, peintre et graveur à l'eau-forte, né à La Haye en 1653, mort à Londres en 1705.

Michel van Lochom, graveur d'Anvers du milieu du XVIIe siècle; travailla à Paris.

Louis Marvy, dessinateur, graveur et aquafortiste à Paris. A beaucoup gravé d'après Rembrandt en 1843 et 1844.

Herman Müller, graveur et éditeur d'Amsterdam dans la deuxième moitié du XVIe siècle.

Laurent-Janss Micka, graveur du commencement du XVIIe siècle.

LM **Louis Marseliez**, né en Suède vers 1750; travaillait en 1771.

L M **Laurent de Musi**, fils (?) d'Augustin Vénitien, graveur italien du XVIe siècle.

Louis Mattioli, né à Crevaliore en 1662, mort en 1747.

MLF. **Michel van Lochom**, né à Anvers; travailla à Paris dans la première moitié du XVIIe siècle.

MFL **Melchior Lorch,** né en 1527 à Flensburg; fut d'abord orfèvre; il mourut après 1590.

MFL **Melchior Lorch.** Voir l'article précédent.

MP **Mathias Pool,** né à Amsterdam en 1697.

NL **Nicolas Loir,** né à Paris en 1624 et mort dans la même ville en 1679.

Lo. C. **Louis Carrache,** peintre-graveur, né à Bologne en 1555, mort en 1619.

Lo. Car. **Louis Carrache.** Voir l'article précédent.

Lo F **François Londonio,** né à Milan en 1723, mort en 1783.

Lo Fo **Charles Lasinio,** né à Florence, travaillait en 1816.

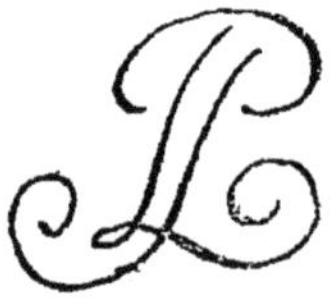

Paul Legrand, graveur à l'aquatinte; travaillait en 1820.

PL Cette marque est celle de :

— **Pierre Lombart,** graveur, né à Paris en 1612, mort en 1682.

— **Peregrin Lowel,** graveur contemporain de Della Bella.

— **Pierre Landry,** graveur français, né à Paris en 1630.

— **Pierre-Louis Boitard,** peintre et graveur au burin, établi à Londres au XVIIIe siècle.

— **Paul Lauters,** graveur et lithographe, né à Bruxelles en 1806.

PL **Jean-Pierre de Langer,** né à Kalkum en 1759, mort à Munich en 1824.

PL **Pierre Lastman,** né à Harlem en 1562.

PL **Léonard Norsini,** dit **Parasole,** né à Rome vers 1570, mort en 1630.

L P **Léonard Norsini,** dit **Parasole.** Voir l'article précédent.

PL **Pierre Lesueur,** le père, né à Rouen en 1636, mort dans la même ville en 1716.

PS **Pierre Lesueur** fils, né à Rouen en 1669, mort dans la même ville en 1750.

Pierre van Leysebetten, né à Anvers en 1610; travaillait en Flandre au commencement du XVIIe siècle.

Pierre Woeiriot, graveur à la pointe et en bois, né à Bar-le-Duc en 1532, mort après 1589.

R **Jean-Laurent Rugendas**, né à Augsbourg en 1775, mort dans la même ville en 1826.

RL **René Lochon**, né à Boissy en 1640; travaillait à Paris au XVIIe siècle.

L R LR **Louis-Félix Delarue**; travaillait à Paris au milieu du XVIIIe siècle.

LR Dr **Adrien-Louis Richter**, né à Dresde en 1803, professeur dans cette ville en 1841.

L R **Léopold Robert**, peintre-graveur à l'eau-forte, né en Suisse en 1794, mort à Venise en 1835.

L m **Jean-Denis Lempereur**, graveur, né en 1710, à Paris, mort en 1760.

L. R. F. **Louis Rouhier**; travaillait à Rome en 1650.

R L. S. F. **Raphaël Sciaminossi**, né à Borgo San Sepolcro vers 1570; vivait encore en 1620.

Louis Lesueur, né à Paris en 1746; travailla en France, en Italie et en Allemagne.

L S 1728 **Louis Surugue**, né à Paris en 1695, mort en 1769.

LS **Lambert Suavius**, flamand; travaillait vers le milieu du XVIe siècle.

L S **Vincent Le Sueur**, né à Rouen en 1668, mort en 1743.

L S **Louis Spirinx**, né à Dijon; travaillait à Bruxelles en 1650.

L S **Louis Schongauer**, frère de Martin, graveur d'Augsbourg du XVe siècle (?)

fec **Jean-Sébastien Leitner**, né à Nuremberg en 1713, mort dans la même ville en 1795.

fec **Laurent Strauch**, né à Nuremberg en 1554, mort en 1630.

L. fecit **Lucas Schnitzer**; travaillait à Nuremberg dans la première moitié du XVIIe siècle, vers 1636.

Lucas **Lucas Bertelli**, graveur à Venise entre 1550 et 1560.

LVCAS CIĀ. BS **Lucas Ciamberlano**, peintre-graveur d'Urbin, travaillant de 1499 à 1541.

Lucas Ciamb9 **Lucas Ciamberlano.** Voir l'article précédent.

Lucas de Urbino **Lucas Ciamberlano.** Voir l'article précédent.

Lucas S. **Lucas Schnitzer**, graveur de Nuremberg; travaillait vers 1636.

Lucas V. V. **Lucas van Uden**, graveur à l'eau-forte, né à Anvers en 1595.

Lud. Car. **Louis Carrache**, peintre-graveur, né à Bologne en 1555, mort en 1619.

Luigi Perugino **Louis Scaramuccia**, dit **Louis Perugino**, né à Pérouse en 1616, mort à Milan en 1680.

LV **Lucas van Uden**, né à Anvers en 1595.

Lucas Vorstermann, le Vieux; né à Anvers en 1578; travailla en Angleterre vers 1624.

LVC **Lucas Cranach,** né vers 1470 à Cranach, en Bavière, mort en 1553.

LVU **Lucas van Uden**, né à Anvers en 1595.

Guillaume Lodge, né à Leeds en 1649, mort en 1689, en Angleterre.

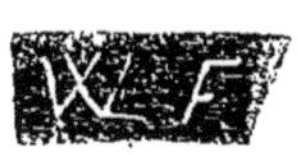

Wilhelm, landgrave de Hesse-Cassel; grava au XVIIe siècle, en manière noire, un paysage qui est signé ainsi.

Laurent Zacchia, né à Lucques; travaillait à la fin du XVIe siècle.

M

Jacques-Guillaume Méchau, de Leipzig, né en 1745, mort en 1808.

Marco Dente, de Ravenne; travaillait au commencement du XVIe siècle, mourut en 1527.

Georges Matheus, graveur d'Augsbourg, au XVIe siècle.

Mathieu Mérian, dit **le Vieux**, né à Bâle en 1593, mort à Schwalbach en 1651.

Marc-Antoine Raimondi, graveur au burin de Bologne, né vers 1488, mort après 1527.

Graveur anonyme néerlandais du XVIe siècle, élève du maître S.

Le marquis **de Montmirail**, graveur amateur français, travaillant entre 1720 et 1740.

Martin Rota, né à Sebenico, en Dalmatie ; travaillait entre 1558 et 1586.

Graveur italien anonyme du commencement du XVIᵉ siècle.

Magd. v. P — **Madeleine de Passe,** graveur au burin, née en 1600, morte avant 1640.

M. A. f. — **Marie-Anne,** archiduchesse d'Autriche, née en 1738, graveur amateur.

Malossi — **Jean-Baptiste Trotti,** né à Crémone dans la dernière moitié du XVIᵉ siècle; travaillait vers 1600.

Ma Piccs — **Mathieu Piccioni,** peintre-graveur, né à Ancône vers 1655.

MAR · ANT — **Marc-Antoine Raimondi,** graveur au burin de Bologne, né vers 1488, mort après 1527.

Marco Angelo — **Marc Angeli,** nommé **Torbido del Moro,** peintre-graveur italien; travaillait en 1565.

Mart. — **Jean-Frédéric Martin,** graveur suédois, mort vers 1808 (?).

Math. Remb. — **Mathieu Rembold,** graveur d'Ulm vers 1636.

Maynart Jelisse **Maynert Jelissen,** graveur allemand ; travaillait au XVIIe siècle.

M.B **Maurice Bodenehr,** né à Fribourg en 1665, mort à Dresde en 1749.

MB. **Martin Bernigeroth,** dessinateur et graveur au burin, né à Mansfeld en 1670, mort à Leipzig en 1733.

M. Berning. **Martin Bernigeroth,** dessinateur et graveur au burin. Voir l'article précédent.

M C **Michel Corneille,** peintre-graveur, né à Paris en 1642, mort en 1708.

M C **Marc Carloni ;** travaillait à Rome vers 1760.

M. Cor. **Michel Corneille,** peintre-graveur, né à Paris en 1642, mort en 1708.

MJ **Jean-Georges Mansfeld,** fils de Jean-Ernest ; travaillait vers la fin du XVIIIe siècle.

MD **Marcelin Desboutin,** né à Cerilly (Allier), graveur à l'eau-forte. Contemporain.

M. D. B. **Marc de Bye,** né à La Haye vers 1612, mort en 1670.

M Dro **Martin Droeshout,** graveur anglais du XVIIe siècle.

M. D. V. **Martin de Vos,** graveur flamand du XVIIe siècle.

M. E. **Michel Elgersma,** mort à Amsterdam en 1764.

Mel **Claude Mellan,** peintre-graveur, né à Abbeville en 1601, mort à Paris en 1688.

Mel. Giri **Melchior Gérardini,** peintre-graveur de Milan, mort en 1675.

M. f. **Paul Malvieux,** né à Dresde en 1763, élève de l'Académie de Vienne et de Schmutzer, mort à Leipzig en 1791.

M F **Michel Fennitzer;** travaillait à Nuremberg en 1675.

M fe. **Jacques Matham,** né en 1571, mort en 1631.

M. h. **Michel Heylbrouck,** né à Gand vers 1635, mort en 1733 à près de cent ans.

M. I. S. 1749 **Martin-Joachim Schmidt,** peintre-graveur, né à Graffenwerth en 1718.

Mkn **Jean-Henri Menken,** né à Brême en 1764.

ML **Jacques Mettenleiter,** né à Groskuchen en 1750, mort à Saint-Pétersbourg en 1825.

1545 ML **Melchior Lorch,** né à Flensburg en 1527, mort après 1590.

M. L. **Michel Lucchesi,** graveur italien du XVIe siècle; travaillait entre 1553 et 1604.

Melchior Meier; travaillait à la fin du XVIe siècle à Fribourg.

Melchior Meier. Voir l'article précédent.

Martin Martini, né à Lucerne; travaillait au commencement du XVIIe siècle.

MM 1610 **Mathieu Mérian,** le Vieux, né à Bâle en 1593, mort à Schwalbach en 1651.

M M. **Melchior Meier;** travaillait à la fin du XVIe siècle, à Fribourg.

M M **Mathieu Mérian,** le Vieux, né à Bâle en 1593, mort à Schwalbach en 1651.

M Mer. **Mathieu Mérian.** Voir l'article précédent.

M N **Michel Natalis,** né à Liège en 1606 ; élève de C. Blomaert.

Nicolas Meldeman ; travaillait à Nuremberg au milieu du XVIe siècle.

Michael Ostendorfer, graveur à l'eau-forte du XVIe siècle, à Ratisbonne entre 1522 et 1560.

Rosatti a Polimario ; travaillait au milieu du XVIIe siècle à Palerme.

MO **Mathias Oesterreich,** né à Hambourg en 1716, mort à Berlin en 1778.

Mauro Oddi, né à Parme en 1639, mort dans la même ville en 1703.

M·O·S. **Mauro Oddi.** Voir l'article précédent.

Sculp **Mathias Oesterreich,** né à Hambourg en 1716, mort à Berlin en 1778.

Pierre Molyn, dit le Vieux, né à Harlem en 1600.

Martin Pleginck; travaillait entre 1594 et 1606 en Allemagne.

Anonyme, graveur français de la fin du XVIe siècle.

Jean Marc Pitteri, graveur à l'eau-forte et au burin, né à Venise en 1703, mort en 1767.

M P **Mathias Pool**, né à Amsterdam en 1697.

Maurice Plonsky; travaillait à Paris au commencement du XIXe siècle.

Maurice Plonsky. Voir l'article précédent.

Madeleine de Passe, née vers 1600; gravait déjà en 1617. Elle mourut avant 1640.

Paul de Zetter, né à Hanovre; travaillait au commencement du XVIIe siècle.

Mathias Quadt, né à Cologne vers 1575; travaillait au commencement du XVIIe siècle.

MR **Mathieu Rembold;** travaillait à Ulm vers 1635.

M R **Mathieu Rembold.** Voir l'article précédent.

M R **Jean-Maurice Roverre,** peintre-graveur milanais du commencement du XVIIe siècle.

RMF. **Rodolphe Meyer,** né à Zurich en 1605, mort dans la même ville en 1638.

MR f **Marc Ricci,** né à Bellune en 1679, mort à Venise en 1729.

MR SF **Martin Rota,** né à Sebenico au milieu du XVIe siècle; vivait encore en 1586.

1780 **Étienne Molinari,** né à Florence en 1741, mort vers 1790.

MS **Michel Sweerts ;** travaillait en France au XVIIe siècle.

M ₵ S **Martin Schongauer,** dit **Martin Schön,** peintre-graveur né vers 1430, mort à Colmar en 1488.

M ₵ S **Martin Schongauer,** dit **Schön.** Voir l'article précédent.

Jean-Michel Soeckler, né à Augsbourg en 1744, mort en 1781.

Matthias Schmidt, peintre-graveur, né à Manheim en 1749, mort à Munich en 1823.

Matthias Schmidt. Voir l'article précédent.

Graveur de l'école de Granach, travaillant vers 1540 et 1543, et que l'on croit être **Martin Treu.**

Mauro Tesi, né à Modène en 1730, mort à Bologne en 1766.

Moïse Thim; travaillait à Altenbourg au commencement du XVIIe siècle.

Melchior Tavernier, né à Paris en 1594, mort dans la même ville en 1641.

Moïse Thim ; travaillait à Altenbourg au commencement du XVIIe siècle.

George Trautman, né à Deux-Ponts en 1713, mort à Francfort-sur-le-Mein en 1769.

Marc Tuscher, né à Nuremberg en 1706, mort en 1755.

MV Graveur anonyme de l'école de Cranach, XVIe siècle, allemand.

M. V. B. **Moïse van Uytenbrouck,** peintre-graveur; travaillait entre 1620 et 1650.

M. V. BROVCK **Moïse van Uytenbrouck,** peintre et graveur hollandais; travaillait entre 1620 et 1650.

MvR **Jean-Jacques Müller de Riga;** florissait à Stuttgard au commencement du XIXe siècle.

M.V.S. **Michel-Ange Vanni,** peintre-graveur du commencement du XVIIe siècle, à Sienne.

MW **Clément Wenceslas,** comte **de Metternich-Winneberg,** graveur amateur du commencement du XIXe siècle.

M. W f. **Michel Wening,** graveur de Munich; travaillait vers 1700.

M W fec. **Marquart Wocher,** né à Seckingue en 1758; travaillait à Bâle.

Jean-Guillaume Meil, né à Altenbourg en 1732, mort à Berlin en 1805.

M. Will **Michel Willmann,** peintre-graveur à Königsberg; travaillait en 1630.

M. Withan **Georges-Michel Weissenhahn**, graveur, né à Holenlohe en 1744; travaillait en Bavière en 1770.

Antoine-Marie Zanetti, né à Venise en 1610, mort dans la même ville en 1687.

MZ **Mathias Zündt**, graveur allemand du milieu du XVIe siècle.

MZ Graveur au burin différent du précédent et qui a gravé d'après l'école du maître de 1466. On croit **Mathieu Zink.**

MZ Maître graveur anonyme de l'école allemande du commencement du XVIe siècle, que l'on croit être **Mathieu Zaissinger.**

N

Nicolas de Bruyn, peintre-graveur, né à Anvers en 1570.

N 1785 **Jean-Pierre Norblin de la Gourdaine,** peintre-graveur, né a Misy-Faut-Yonne en 1745, mort en 1830.

Benjamin Nothnagel, peintre-graveur, né à Buch en 1729, mort à Francfort en 1810.

Nicolas Vilborn, graveur allemand du XVIe siècle.

Nant. **Robert Nanteuil,** peintre au pastel et graveur au burin, né à Reims en 1631, mort à Paris en 1678. (Il signait presque toujours *Nanteuil.*)

NB **Nicolas Béatrizet;** travaillait au milieu du XVIe siècle, de 1540 à 1560, dates extrêmes de ses gravures.

NB **Nicolas Bonnart,** graveur du XVIIe siècle, né à Paris vers 1646.

NB. **Nicolas Bonnart.** Voir l'article précédent.

NB **Nicolas de Bruyn**, peintre-graveur, né à Anvers en 1570.

NC **Nicolas Cochin,** dessinateur et graveur, né à Troyes en 1619, mort en 1686 à Paris.

ƆИ **Nicolas Cochin.** Voir l'article précédent.

N. C. F. **Nicolas Chaperon,** né à Châteaudun en 1599, élève de Simon Vouet.

N. C. F. **Nicolas Chevalier,** graveur; travaillait au commencement du XVIIIe siècle.

N D **Nicolas Dorigny,** graveur au burin, né à Paris en 1658, mort en 1746.

n. de S **Nicolas de Son,** graveur de Reims dans le premier quart du XVIIe siècle.

N. d. b. f **Nicolas de Bruyn**, peintre-graveur, né à Anvers en 1570.

N. D. inu et sculp **Nicolas Dorigny**, dessinateur et graveur, né à Paris en 1658, mort en 1746.

N. D L' **Nicolas de Larmessin** père, né à Paris vers 1640; graveur et éditeur d'estampes.

N D L **Nicolas de Larmessin.** Voir l'article précédent.

Neth **Jean-Chrétien Néther,** graveur à l'eau-forte, né à Dresde, mort après 1779.

NF. **Nicolas de La Faye,** peintre-graveur francais; travaillait au milieu du XVIIe siècle.

N f **Jean-Pierre Norblin de la Gourdaine,** peintre-graveur, né à Misy-Faut-Yonne en 1745, mort en 1830.

Nf 1772 **Jean-Pierre Norblin de la Gourdaine.** Voir l'article précédent.

N. H. **N. Henin,** graveur amateur, né en 1728; travaillait vers 1750, mort en 1807.

N · H Graveur anonyme néerlandais; travaillait entre 1523 et 1525.

Nicolas Rosex, graveur italien, dit **Nicoletto da Modena**; travaillait entre 1500 et 1512.

ni M **Francisque Milet,** né à Anvers en 1644, mort à Paris en 1680.

Nic. bol. **Nicolas Boldrini,** graveur en clair-obscur, à Vienne, au XVIe siècle; fit plusieurs planches en bois d'après Titien.

Nic. de br **Nicolas de Bruyn,** peintre-graveur, né à Anvers en 1570.

Nicola Petri **Nicolas Lastmann,** dit **Petri,** graveur à la pointe; travaillait en Hollande vers 1620.

Nicolas Rob. **Nicolas Robert,** peintre-graveur de Langres, né vers 1610, mort en 1684.

Ni. de b. fe **Nicolas de Bruyn,** né à Anvers en 1570.

Ni. De B fecit **Nicolas de Bruyn.** Voir l'article précédent.

NI·RO. **Nicoletto Rosex,** dit **da Modena,** graveur italien du commencement du XVIe siècle; travaillait entre 1500 et 1512.

NL **Nicolas Lesueur,** né à Paris en 1690, mort dans la même ville en 1764.

NL **Nicolas Loir,** né à Paris en 1624 et mort en 1679.

N. Las. **Nicolas Lastmann,** graveur à la pointe; travaillait en Hollande vers 1620.

N L M. **Noël Le Mire,** graveur, né à Rouen en 1724, mort en 1801. Élève de Le Bas.

N L S **Nicolas Lesueur,** né à Paris en 1690, mort dans la même ville en 1764.

Nicoletto Rosex, dit **da Modena**; vivait au commencement du XVIe siècle, et travaillait de 1500 à 1512.

NN **Nicolas Nelli**; travaillait à Venise au milieu du XVIe siècle.

N N **Nicolas Nelli.** Voir l'article précédent.

NOE G **Noel Garnier,** graveur français du commencement du XVIe siècle.

Nothn. **Benjamin Nothnagel,** graveur à l'eau-forte, né à Buch en 1729; il travaillait à Francfort-sur-le-Mein, où il mourut en 1810.

PN **Pierre Nolin,** graveur français; travaillait au milieu du XVIIe siècle.

PN **Pierre Nolpe,** né en 1601 à La Haye, mort vers 1670; travaillait en Angleterre au milieu du XVIIe siècle.

Nicolas-François Pellier, graveur à l'eau-forte, né à Besançon en 1782, mort en 1804.

Nicolas Perelle, né à Paris en 1638, mort dans la même ville en 1695.

Nicolas Perelle. Voir l'article précédent.

NP 1771 **Nicolas Pérignon,** né à Paris vers 1730, mort dans la même ville en 1802.

N P **Nicolas Pérignon.** Voir l'article précédent.

N. P. **Pierre Nolin,** graveur; travaillait au milieu du XVIIe siècle en France.

N. f. **Pierre Nolpe,** peintre et graveur, né en 1601 à La Haye, mort vers 1670.

Pierre Nagel; travaillait en Flandre dans la seconde moitié du XVIe siècle, de 1570 à 1580.

Sculp. **Paul de Zetter;** travaillait à Hanovre au commencement du XVIIe siècle.

Nicolas Regnesson, né à Reims vers 1625, mort à Paris en 1676.

Nicolas Robert, né à Langres en 1610, mort à Paris en 1684.

Nicoletto Rosex, dit **da Modena,** vivait au commencement du XVIe siècle et travaillait entre 1500 et 1512.

Nicoletto Rosex, dit **da Modena.** Voir l'article précédent.

Nicolas Solis, graveur de l'école de Nuremberg; travailla à l'eau-forte entre 1528 et 1571.

Nicolas Seelander, graveur à la pointe, à Hanovre, mort en 1740.

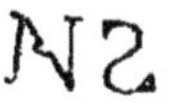

Graveur allemand de l'école de Cranach. Travaillait au XVIe siècle.

Thomas Neuer, le père, né à Vienne en 1768; travailla à Munich.

Nicolas-Henri Tardieu, né à Paris en 1674, mort en 1749.

N. V. **Nicolas Verkolje,** peintre et graveur en manière noire, né à Delft en 1673, mort à Amsterdam en 1746.

N. V. A. **Nicolas van Acht,** graveur au burin, né à Bruxelles en 1526. Éditeur. Ces lettres indiquent des planches publiées par lui.

N. V. H. **Nicolas van Hoje,** peintre-graveur, né à Anvers en 1626; travailla à Vienne.

N. v K. f. **Nicolas Verkolje,** graveur en manière noire, né à Delft en 1673, mort à Amsterdam en 1746.

NW **Nicolas Wilborn,** graveur allemand; travaillait vers 1530.

N W N W M **Nicolas Wilborn.** Voir l'article précédent.

O

Oliver^s Gatt^s **Olivier Gatti,** peintre-graveur de Parme, membre de l'Académie de Bologne en 1626.

Ondius pinx. **Abraham Hondius,** peintre-graveur, né à Rotterdam en 1638, mort à Londres en 1695.

·O·O·V·I·VEN· Anonyme, graveur italien de l'école de Marc-Antoine, probablement vénitien. XVIe siècle.

Pierre Opel; travaillait à Ratisbonne dans la seconde moitié du XVIe siècle.

Barthélemy Passarotti, peintre-graveur à l'eau-forte, mort en 1592.

O·P·D·C. **Peregrini da Cesena,** nielleur italien du XVe siècle.

OPVS AENEAE **Eneas Vico,** graveur, né à Parme; travaillait dans cette ville pendant la deuxième moitié du XVIe siècle.

Nicoletto Rosex, dit **da Modena,** graveur italien; travaillait entre 1500 et 1512.

OR

Octave de Rochebrune, graveur à l'eau-forte, né en 1824. Contemporain.

ORAZ

Nicolas Orazi, graveur de Florence; travaillait vers 1760.

Ott. L. f.

Ottavio Leoni, graveur à l'eau-forte, né à Rome en 1574, mort en 1626.

BIBLIOTHÈQUE INTERNATIONALE DE L'ART

PUBLIÉE SOUS LA DIRECTION DE

M. EUGÈNE MÜNTZ

PREMIÈRE SÉRIE. — VOLUMES IN-4°

I. **Les Précurseurs de la Renaissance**, par **M. Eugène MÜNTZ**, Conservateur du Musée, des Archives et de la Bibliothèque à l'Ecole nationale des Beaux-Arts. Prix : broché, **20 fr.**; relié, **25 fr.** — 25 exemplaires sur papier de Hollande, **50 fr.**

II. **Les Amateurs de l'ancienne France. Le Surintendant Foucquet**, par **M. Edmond BONNAFFE.** Il ne reste plus de cet ouvrage que quelques exemplaires reliés. à **15 fr.**, et quelques exemplaires sur papier de Hollande, à **25 fr.**

III. **Les Origines de la porcelaine en Europe. Les Fabriques italiennes du XVe au XVIIe siècle**, par **le baron DAVILLIER.** Il ne reste plus de cet ouvrage qu'un très petit nombre d'exemplaires qui sont réservés aux acheteurs de la collection. Prix : broché, **20 fr.**; relié, **25 fr.** — 25 exemplaires sur papier de Hollande, **40 fr.**

IV. **Le Livre de Fortune**, par **M. Ludovic LALANNE**, sous-bibliothécaire de l'Institut. Recueil de deux cents dessins inédits de JEAN COUSIN, d'après le manuscrit conservé à la Bibliothèque de l'Institut. Prix : broché, **30 fr.**; relié, **35 fr.** — 25 exemplaires sur papier de Hollande, **50 fr.**

V. **La Gravure en Italie avant Marc-Antoine**, par **M. le vicomte Henri DELABORDE**, secrétaire perpétuel de l'Académie des Beaux-Arts, Conservateur du Département des Estampes à la Bibliothèque nationale. Prix : broché, **25 fr.**; relié, **30 fr.** — 25 exemplaires sur papier de Hollande, **50 fr.**

VI. **Claude Lorrain, sa vie et ses œuvres**, d'après des documents nouveaux, par **Lady Charles DILKE** (**Mme Mark PATTISON**), auteur de « *The Renaissance in France* ». Prix : broché, **30 fr.**; relié, **35 fr.** — 25 exemplaires sur papier de Hollande, **50 fr.**

VII. **Les Della Robbia, leur vie et leur œuvre**, par **M. J. CAVALLUCCI**, professeur à l'Académie des Beaux-Arts de Florence, et **M. E. MOLINIER**, attaché à la Conservation du Musée du Louvre. Prix : broché, **30 fr.**; relié, **35 fr.** — 25 exemplaires sur papier de Hollande, **50 fr.**

VIII. **Le Livre des Peintres, de CAREL VAN MANDER. Vie des Peintres flamands, hollandais et allemands,** traduction, notes et commentaires, par **M. Henri HYMANS,** Conservateur à la Bibliothèque royale de Belgique, membre correspondant de l'Académie royale des Sciences, des Lettres et des Beaux-Arts, professeur à l'Académie royale des Beaux-Arts d'Anvers. Deux volumes in-4° raisin, comprenant 80 portraits et 400 biographies. Prix des deux volumes : brochés, **100** fr. ; reliés, **120** fr. — 25 exemplaires sur papier de Hollande. Prix des deux volumes, **150** fr.

IX. **Le Style Louis XIV. Charles Le Brun décorateur; ses œuvres, son influence, ses collaborateurs et son temps,** par **M. A. GENEVAY.** Ouvrage accompagné de plus de 100 gravures. Prix : broché, **25** fr.; relié, **30** fr. — 25 exemplaires sur papier de Hollande, **50** fr.

X. **Ghiberti et son école,** par **M. Charles PERKINS,** Directeur du Musée de Boston, Correspondant de l'Institut de France. Ouvrage accompagné de 37 gravures. Prix : broché, **20** fr.; relié, **25** fr. — 25 exemplaires sur papier de Hollande, **40** fr.

XI. **Les Musées d'Allemagne : Cologne, Munich, Cassel,** par **M. Émile MICHEL.** Ouvrage accompagné de 15 eaux-fortes et de 80 gravures. Prix : broché, **40** fr.; relié, **45** fr. — 25 exemplaires sur papier de Hollande, **80** fr.

DEUXIÈME SÉRIE. — VOLUMES IN-8°

I. **Les Historiens et les Critiques de Raphael,** par **M. Eugène MÜNTZ.** Essai bibliographique pour servir d'appendice à l'ouvrage de PASSAVANT, avec un choix de documents inédits ou peu connus. Un volume illustré de quatre portraits de Raphael. Il ne reste de cet ouvrage qu'un très petit nombre d'exemplaires qui sont réservés aux acheteurs de la collection. Quelques exemplaires sur papier de Hollande, **25** fr.

II. **L'Encaustique et les autres procédés de peinture chez les anciens,** par **MM. Henry CROS** et **Charles HENRY.** Un volume illustré de 30 gravures. Prix : broché, **7** fr. **50.** Quelques exemplaires sur papier de Hollande, **15** fr.

III. **Les Livres à gravures du XVIe siècle. Les Emblèmes d'Alciat,** par **M. Georges DUPLESSIS,** Conservateur du Departement des Estampes à la Bibliothèque nationale. Un volume illustré de 11 gravures. Prix : broché, **5** fr. Quelques exemplaires sur papier de Hollande, **10** fr.

IV. **La Tapisserie dans l'antiquité. Le Péplos d'Athéné Parthénos,** par **M. Louis de RONCHAUD,** Directeur des Musées nationaux et de l'Ecole du Louvre. Un volume illustré de 16 gravures. Edition sur papier ordinaire, **10** fr. Quelques exemplaires sur papier de Hollande, **20** fr.

V. **Études sur l'Histoire de la Peinture et de l'Iconographie chrétiennes**, par M. Eugène **MUNTZ**, Conservateur de l'École nationale des Beaux-Arts. Nouvelle Édition, prix : 3 fr. 50.

VI. **Eugène Delacroix devant ses contemporains, ses écrits, ses biographes, ses critiques**, par Maurice **TOURNEUX**. Prix : broché, 12 fr. — Quelques exemplaires sur papier de Hollande, 25 fr.

BIBLIOTHÈQUE D'ART MODERNE

Camille Corot, par M. Jean **ROUSSEAU**. Suivi d'un appendice par M. ALFRED ROBAUT. Avec le portrait de Corot et 34 gravures sur bois et dessins reproduisant les œuvres du maître. In-4° écu. Prix : broché, 2 fr. 50.

J. F. Millet, par M. Charles **YRIARTE**, inspecteur des Beaux-Arts. Un volume in-4°, illustré de nombreuses gravures. Prix : 2 fr. 50.

Études Dramatiques, par M. Charles de la **ROUNAT**. I. LE THÉATRE-FRANÇAIS. Mme Arnoud-Plessy, MM. Régnier, Got, Delaunay. Nombreuses illustrations par P. RENOUARD. In-4° écu. Prix : broché, 3 fr.

BIBLIOTHÈQUE DES MUSÉES

Le Musée de Cologne, par M. Émile **MICHEL**. Suivi d'un catalogue alphabétique des tableaux de peintres anciens, exposés au Musée de Cologne. Illustré de nombreuses gravures dans le texte. In-4° écu. Prix : broché, 3 fr.

BIBLIOTHÈQUE D'ART ANCIEN

Hans Holbein, par M. Jean **ROUSSEAU**. Un volume in-4° illustré de nombreuses gravures. Prix : 2 fr. 50.

Ravenne. Études d'archéologie byzantine, par M. Charles **DIEHL**. Un volume in-4° illustré de 34 gravures. Prix : 2 fr. 50.

Gérard Édelinck, sa vie, ses œuvres, par le Vicomte Henri **DELABORDE**, Secrétaire perpétuel de l'Academie des Beaux-Arts. Un volume illustré de 34 gravures. Prix : broché (élégante couverture), 3 fr. 50. Riche reliure, 6 fr. 50. — 100 exemplaires numérotés sur Japon (double suite de gravures), 10 fr. 50.

François Boucher, sa vie, ses œuvres, par André **MICHEL**. Un volume illustré de 45 gravures. Prix : broche (élégante couverture), 5 fr. Riche reliure, 8 fr. — 100 exemplaires numérotés sur Japon (double suite de gravures), 15 fr.

Decamps, sa vie, ses œuvres, par Charles **CLÉMENT**. Un volume illustré de 57 gravures. Prix : broché, 3 fr. 50. Riche reliure, 6 fr. 50. — 100 exemplaires numérotés sur Japon (double suite de gravures), 10 fr. 50.

Phidias, sa vie, ses œuvres, par Maxime **COLLIGNON**. Un volume illustré de 45 gravures. Prix : broché (élégante couverture), 4 fr. 50. Riche reliure, 7 fr. 50. — 100 exemplaires numérotés sur Japon (double suite de gravures), 12 fr.

ALBUMS

I. **Du Nord au Midi. Zigzags d'un touriste**, par M. Jules **GOURDAULT**. Format in-4° grand colombier, sur beau papier anglais, avec nombreuses illustrations dans le texte et huit eaux-fortes par les meilleurs artistes. Prix : riche reliure à biseaux, 25 fr.

II. **A travers Venise**, par M. Jules **GOURDAULT**. Format in-4° grand colombier, sur beau papier anglais, avec nombreuses illustrations dans le texte et treize eaux-fortes par les meilleurs artistes. Prix : riche reliure à biseaux, 25 fr.

III. **Paris pittoresque**, par M. A. de **CHAMPEAUX**, inspecteur des Beaux-Arts à la préfecture de la Seine, et M. F. **ADAM**. Format in-4° grand colombier, sur beau papier anglais, avec nombreuses illustrations et dix grandes eaux-fortes par LUCIEN GAUTIER. Prix : riche reliure à biseaux, 25 fr.

IV. **Artistes anglais contemporains**, par M. Ernest **CHESNEAU**. Un magnifique Album in 4° grand colombier, sur beau papier anglais, avec nombreuses illustrations dans le texte et treize eaux-fortes par les premiers artistes. Prix : riche reliure à biseaux, 25 fr.

V. **Oloron-Sainte-Marie (Béarn)**. Eaux-fortes et Dessins, par M. Paul **LAFOND**. Notice par M. Éd. **LOUIS**. Cet ouvrage, tiré à 150 exemplaires seulement, contient dix eaux-fortes et plusieurs dessins dans le texte. Prix : en carton, 25 fr.

VI. **Les Eaux-Fortes de Jules de Goncourt,** Notice et Catalogue, par **M. Philippe BURTY.** Un volume in-4° grand colombier. Edition de luxe à 200 exemplaires numérotés, les eaux-fortes tirees sur papier de Hollande, **100** fr. — Edition de grand luxe à 100 exemplaires numérotés, le texte sur papier spécial, les eaux-fortes tirées sur papier du Japon, **200** fr. Le texte et les eaux-fortes sont livrés dans un carton.

VII. **Modern Landscape,** by **COMYNS CARR.** With Etchings from celebrated Pictures and numerous illustrations on Wood an in Facsimile. Un magnifique album in-4° grand colombier. Prix : **25** schillings (**31** fr. **25**).

VIII. **Living Painters of France and England.** Fifteen etchings from representative pictures with descriptive Letter-Press. Prix : **25** shillings (**31** fr. **25**).

IX. **Th. CHAUVEL.** QUATORZE eaux-fortes avant la lettre. Prix : **150** fr.

X. **Jules JACQUEMART.** HUIT eaux-fortes tirées sur papier du Japon et montées sur bristol, avec la légende des œuvres reproduites, tirée sur papier teinté. Prix : **160** fr.

XI. **Charlès WALTNER.** DOUZE eaux-fortes tirées sur papier du Japon et montées sur bristol, avec la légende des œuvres reproduites, tirée sur papier teinté. Prix : **150** fr.

XII. **Gustave GREUX.** VINGT eaux-fortes tirées sur papier du Japon et montées sur bristol, avec la légende des œuvres reproduites, tirée sur papier teinté. Prix : **120** fr.

XIII. **Vieux Rouen.** Deuxième livraison. Dix croquis d'après nature en 1880 et gravés à l'eau-forte par **M. E. NICOLLE.** Epreuves avant la lettre *signées au crayon gras.* Sur papier du Japon, **200** fr.; sur papier de Chine, **150** fr.; sur papier de Hollande, **100** fr. — Il reste quelques exemplaires de la première livraison de cet ouvrage au même prix que la seconde livraison. — La première livraison ne se vend plus sans la seconde.

XIV, **Livre de dentelles de César Vecellio,** en quatre parties, contenant cent douze planches dans lesquelles sont exposées en divers dessins toutes sortes d'échantillons de points découpés, de points à jour, de points flamands et de points à réseaux. Un volume oblong sur papier teinté. Cette impression a été faite à 500 exemplaires tous numérotés. Prix : **30** fr.

XV. **A travers l'Exposition.** *10 Croquis à l'eau-forte,* par **M. J. A. MITCHELL.** Prix : **30** fr.

XVI. **Dessins d'Albert Durer** en fac-similé, publiés par **M. Frédéric LIPPMAN,** directeur du Cabinet royal des Estampes de Berlin. Dessins du Cabinet royal des Estampes de Berlin. — Dessins appartenant à M. William Mitchell, de Londres. — Dessins appartenant à M. Malcolm de Poltalloch, de Londres. — Dessins appartenant à M. Frédérick Locker, de Londres.

Ces dessins, au nombre de 99, sont reproduits avec une rigoureuse fidélité par les procédés les plus perfectionnés.

Splendide volume in-folio sur vélin extra-fort, cartonné. Prix : 320 fr. — Ouvrage tiré à 100 exemplaires numérotés.

Publications diverses de la Librairie de l'Art

Voyage en Orient, par **Son Altesse Impériale et Royale l'Archiduc Rodolphe,** *prince héritier d'Autriche-Hongrie.* Un superbe volume grand in-4° enrichi de 37 eaux-fortes et de nombreuses gravures sur bois, d'après les dessins originaux de François de Pausinger Prix : broché, 80 fr.; riche reliure, 90 fr.

Inventaire du Mobilier de la Couronne, sous Louis XIV, 1663-1713, publié pour la première fois sous les auspices de la Société d'encouragement pour la propagation des Livres d'Art, par **M. Jules GUIFFREY.** L'ouvrage complet comprend deux beaux volumes in-8° très illustrés. Prix : 50 fr. Éditions de luxe : il a été tiré de cet ouvrage 10 exemplaires sur papier du Japon numérotés de 1 à 10. Prix : 150 fr. 30 exemplaires sur papier de Hollande numérotés de 11 à 40. Prix : 100 fr.

L'Essai de l'Histoire de l'Art par **M. W. LUBKE,** traduit par **Ch. Ad. KOELLA,** architecte, d'après la neuvième édition originale. — Ouvrage illustré de plus de 600 gravures sur bois. Prix : 20 fr.

L'Art en Alsace-Lorraine, par **M. René MÉNARD.** Un magnifique volume in-8° grand colombier, sur beau papier fort, de plus de 500 pages, avec 16 eaux-fortes, un très grand nombre de bois imprimés hors texte sur fond Chine, et de gravures intercalées dans le texte. — Les gravures de cet ouvrage ont été exécutées sous la direction de M. Léon Gaucherel, directeur artistique de *l'Art*, d'après les documents fournis par l'auteur. Il n'y a pas moins de 350 illustrations, représentant des œuvres du plus haut intérêt. Prix : broché, 40 fr.; relié toile, 50 fr.; reliure demi-chagrin (dite d'amateur), 60 fr.

Histoire artistique du Métal, par **M. René MÉNARD.** Ouvrage publié sous les auspices de la Société d'encouragement pour la propagation des Livres d'Art. Un beau volume in-4° jésus, sur papier teinté, avec 10 eaux-fortes et plus de 200 gravures dans le texte. Prix : broché, 25 fr.; relié, 30 fr.

Les Pensionnaires du Louvre, par **M. Louis LEROY.** Un beau volume sur papier raisin, avec 36 dessins humoristiques de **M. Paul RENOUARD.** Prix : broché, 10 fr.; riche reliure à biseaux, 15 fr.

MÉDAILLONS CONTEMPORAINS

Par RINGEL

PREMIÈRE PARTIE

M. Jules Grévy.

MM. Émile Augier.
Chevreul.
Jean Dollfus.
Gambetta.
Eugène Guillaume.

MM. Victor Hugo.
Ferd. de Lesseps.
Léon Lhermitte.
Pasteur.
Renan.

M. Auguste Rodin.

Ces Médaillons en bronze sont d'un diamètre uniforme (18 cent.). Le Médaillon, prix, 20 fr. — Le Médaillon fondu à cire perdue, prix, 100 fr.

ART AND LETTERS

Revue illustrée des Beaux-Arts et de la Littérature

ANNÉES 1882 & 1883

Formant deux magnifiques volumes in-4°, avec de nombreuses illustrations dans le texte et hors texte, un frontispice gravé à l'eau-forte pour chaque volume.

Complètement épuisé broché.
Il ne reste plus que quelques exemplaires reliés, au prix de 52 *fr.* 50
Chaque volume se vend séparément : 26 *fr.* 25

Paris. Imp. de l'Art. E. Ménard et J. Augry, 41, rue de la Victoire.

Paris. Imp. E. Ménard et J. Augry, 41, rue de la Victoire.

www.ingramcontent.com/pod-product-compliance
Ingram Content Group UK Ltd.
Pitfield, Milton Keynes, MK11 3LW, UK
UKHW022108190726
13855UKWH00002B/718